Terapia de
REGRESSÃO
Perguntas e Respostas

Mauro Kwitko

Terapia de
REGRESSÃO
Perguntas e Respostas

Ampliado e Atualizado

3ª edição / Porto Alegre-RS / 2021

Capa: Marco Cena
Revisão: Bárbara Peña e Renato Deitos
Produção: BesouroBox
Editoração eletrônica: Bruna Dali e Maitê Cena
Assessoramento de edição: André Luis Alt

K98t   Kwitko, Mauro.
            Terapia de Regressão: perguntas e respostas / Mauro Kwitko. Ampliada e Atualizada. 3.ed. Porto Alegre: BesouroBox , 2021.
            232 p.

            ISBN 978-85-99275-54-2

            1.Psicologia. 2. Terapia de Regressão.   I. Título.

                                                                     CDU   615.85

Cip – Catalogação na Publicação
Vanessa I. de Souza CRB10/1468

Copyright © Mauro Kwitko, 2021.

Todos os direitos desta edição reservados à Edições BesouroBox Ltda.
Rua Brito Peixoto, 224 - CEP: 91030-400
Passo D'Areia - Porto Alegre - RS
Fone: (51) 3337.5620
www.besourobox.com.br

Impresso no Brasil
Setembro de 2021.

SUMÁRIO

Prefácio 7
O que é Terapia de Regressão? 11
Quais as indicações da Terapia de Regressão? 31
Quais as contraindicações da Terapia de Regressão? 41
E depois da Regressão? 45
Mitos a respeito da Terapia de Regressão 51
Curiosidades a respeito da Terapia de Regressão 55
Regressão e Espiritismo 77
Regressão e Ciência 91
Regressão e Psiquiatria 99
Regressão e Psicologia 103
Regressão e doenças físicas 109
Regressão e drogadição 115

Regressão em crianças 119
Regressão e gestação 123
Regressão e aborto 127
Regressão e suicídio 131
Regressão a distância 135
Regressão espontânea durante o sono 139
Regressão e relacionamentos familiares 143
Regressão e relacionamentos afetivos 147
Os pioneiros 151
Algumas instituições
de Terapia de Regressão no Brasil 175
Alguns terapeutas de regressão no Brasil 185
Algumas instituições
de Terapia de Regressão no mundo 203
Alguns terapeutas de regressão no mundo 205
Terapia de Regressão e legislação 217
Comentários finais 221
A Reencarnação existe mesmo? 225
Bibliografia 231
Agradecimentos 232

PREFÁCIO

O novo *Terapia de Regressão: perguntas e respostas*, depois do sucesso da primeira edição, publicada em 2007, chega agora até você, que pretende entender melhor a Psicoterapia Reencarnacionista, totalmente reformulado, atualizado e ampliado com novas perguntas, novas respostas, novos capítulos e ainda mais esclarecedor. Continua com o formato de perguntas e respostas. Acrescentamos vários capítulos novos, atendendo o anseio das pessoas que querem, cada vez mais, saber o que é a Terapia de Regressão, suas indicações e contraindicações, porque ela vem sendo considerada uma proposta de expansão para a Psicologia, pois lida com o Inconsciente, na verdade como que retomando o trabalho do Dr. Freud, a eficácia dessa terapia nos casos psiquiátricos, a Regressão em crianças, a Ética na Terapia de Regressão, etc.

Ele continua não sendo um livro didático, como os livros que ensinam a fazer certas coisas, como cozinhar, relaxar, mecânica de automóvel ou como fazer Regressão. Sua intenção é abrir uma janela para o interesse das pessoas que desejam conhecer mais sobre a Terapia de Regressão, cuja fama como frequentemente curativa para os casos de fobias, transtorno do pânico e depressão, geralmente provenientes de outras encarnações, vem fazendo com que ela desponte, no horizonte carente de terapias realmente curativas, como uma perspectiva revolucionária para a Psiquiatria e a Psicologia, desde que seus representantes tomem a decisão de se libertar do dogma católico e de suas dissidências de que Reencarnação não existe. Para isso, sugiro o estudo da história do Concílio de Constantinopla de 553 d.C., da qual conto um pedacinho como resposta a uma das perguntas do livro. A decisão desse Concílio, diga-se, alguns homens decretando que Reencarnação não existe, provocou um enorme atraso na Arte de Curar, pois, através do Consciente Coletivo ocidental, disseminou neste lado do planeta esse dogma, influenciando diretamente a Psiquiatria e a Psicologia, que também não lidam com essa realidade, nem com a atuação negativa ou positiva dos Espíritos sobre nós, por isso ser considerado um assunto "religioso", como se ser religioso é estar errado ou imaginando coisas.

A Terapia de Regressão é simplesmente a continuação do trabalho do Dr. Freud quanto à investigação e ao tratamento do Inconsciente, nós somos seus discípulos. O mestre vienense mandou abrir essa "caixa-preta" das pessoas, a fim de encontrar o que lá dentro se encontra, para entendermos melhor os casos difíceis que chegam aos consultórios, quando muitas vezes as pessoas são rotuladas em quadros psiquiátricos ou considera-se que será muito improvável que possa ser encontrada uma solução para aquele transtorno misterioso e inexplicável. Não buscar a origem e o entendimento dos sintomas dentro do Inconsciente dessas pessoas e nem em seu entorno espiritual, geralmente, cria os quadros chamados de crônicos, que são a maioria dos quadros de doenças mentais, pois tratados com psicotrópicos não curativos, apenas paliativos, não alcançam os pensamentos e os sentimentos das pessoas e a origem real da doença mental (vidas passadas + obsessores) e, sim, apenas a sua repercussão física, que é o seu pedido de ajuda e tentativa de autoeliminação.

Abrindo o baú onde guardamos nossas memórias, nossos traumas, nossas dores, é possível acessar um material vastíssimo que abarca tudo o que aconteceu conosco desde que Deus nos criou, seja quando e por que nosso Pai/Mãe fez isso. Lá dentro do baú está a Reencarnação, que, apesar do Concílio, existe e sempre existirá, porque nenhum decreto humano tem o poder de contrariar a Justiça Divina, a Lei que rege as reencarnações, para que possamos ir nos purificando, libertando-nos de tudo que acumulamos desde o início, gradativamente, descida após descida para o chão. E a Reencarnação encontrada lá dentro do Inconsciente traz embutida consigo a Reforma Íntima, que antes não tinha uma Psicologia adequada aos seus conceitos e preceitos, mas agora tem: é a Psicoterapia Reencarnacionista. Ela é base da nova Psicologia que chega, abrindo janelas, para o passado e para o futuro, para que a Psiquiatria e a Psicologia possam respirar novos ares, pós-inquisitoriais. Imagino o suspiro de alívio dos meus colegas psiquiatras e meus irmãos psicólogos quando começarem a abrir o Inconsciente dos seus pacientes "difíceis", para entender de onde vem o mistério das fobias e do pânico, das depressões severas, pouco ou nada responsivas aos medicamentos antidepressivos, essas dores físicas misteriosas, sem diagnóstico estabelecido, sem corroboração laboratorial, as ideias e crenças estranhas, paranoides, culposas, autodestrutivas, e quando puderem investigar o entorno dos pacientes, no mundo invisível, em busca dos Espíritos obsessores e sua influência sobre nossos pensamentos, por conseguirem atuar negativamente em nossa mente.

Estamos caminhando para a união entre a Espiritualidade e a Arte de Curar, abrindo uma Nova Era para a Medicina, a Psicologia e as Terapias Holísticas, com suas variadas linhas terapêuticas. Com esse vastíssimo manancial investigativo e terapêutico, objetivando uma solução definitiva, por procurar resolver o problema na raiz, é fácil imaginar o potencial curativo que a Terapia de Regressão pode proporcionar às pessoas que a procuram e a possibilidade de ajuda que os profissionais que se dispõem a utilizá-la têm em suas mãos.

Ela está sendo estudada e utilizada no mundo todo por profissionais de cura, oficiais e alternativos, médicos, psicólogos e terapeutas holísticos. Várias universidades em muitos países estão desenvolvendo projetos de estudo sobre essa maneira de investigar e tratar os quadros psicológicos e mentais difíceis. O futuro pertence à Física e não à Química, pois esta é muito grosseira para alcançar os níveis onde uma cura verdadeira pode ser tentada.

No Brasil, a Terapia de Regressão ainda é vista com desconfiança pelos Conselhos de Medicina e de Psicologia, mas, à medida que os Congressos Médicos e Psicológicos Internacionais forem apresentando mais e mais trabalhos relativos a ela, a abertura acontecerá naturalmente, o exótico se tornará interessante e, em seguida, bem-vindo. Dentro de uns cinco ou dez anos, seremos chamados para dar aula de Psicoterapia Reencarnacionista e Regressão Terapêutica nas Faculdades, pois seremos especialistas no assunto há muitos e muitos anos, desde o tempo em que era proibido...

Coloco aqui uma frase de Morris Netherton: "O analista freudiano procura fazer o paciente relembrar os primeiros anos de sua vida, buscando localizar ali a fonte de seus problemas atuais. A Terapia de Vida Passada dá, simplesmente, o passo seguinte. Acreditamos que os acontecimentos de vidas precedentes podem produzir efeitos tão ou mais devastadores no comportamento atual de um paciente do que qualquer coisa que lhe tenha acontecido nesta existência. O Inconsciente funciona como um gravador: registra e armazena indiscriminadamente todo e qualquer acontecimento que ocorra".

Agradeço a Edições BesouroBox, aos irmãos e irmãs besouros dourados que trabalham lá, aos seus Mentores Espirituais e aos meus, à equipe do Plano Astral criadora da Psicoterapia Reencarnacionista, pela benção de ter recebido este presente: uma editora regida pelo ideal espiritual, pela grandeza de intenções, mostrando a todos que o sucesso, desde o nivel físico até o mais sutil, que a abundância, a riqueza financeira e a evolução consciencial podem ser obtidos concomitantemente, desde que o seja de uma maneira reta, íntegra e honesta, numa orientação de acordo com os parâmetros espirituais.

O livro procurou responder a maioria das perguntas que chegaram através do e-mail: contato@besourobox.com.br, que continua aberto para mais perguntas, para as próximas edições, com novas questões, novas dúvidas, e assim iremos atendendo as pessoas e seus questionamentos a respeito da Terapia de Regressão.

Mais informações sobre a Psicoterapia Reencarnacionista e a Regressão Terapêutica podem ser acessadas através do meu *site* pessoal (www.portalmaurokwitko.com.br) e o *site* da nossa Associação Brasileira de Psicoterapia Reencarnacionista (www.portalabpr.org).

Capítulo 1
O QUE É TERAPIA DE REGRESSÃO?

O que é Terapia de Regressão?

A Terapia de Regressão é uma terapia utilizada para promover o esvaziamento de emoções represadas e o desligamento de fatos traumáticos do passado que ainda estejam nos afetando no momento presente, dessa vida atual mas geralmente de encarnações passadas. E também para ajudar a nos conhecermos melhor, recordando como éramos no passado, para que possamos identificar, hoje em dia, o que ainda temos daqueles personagens nossos de outros tempos, positivamente ou negativamente. É uma terapia que ajuda muito na nossa proposta de Reforma Íntima, de crescimento pessoal e espiritual. É uma abordagem psicoterapêutica fundamentada no acesso a conteúdos que transcendem a memória comum, seguindo os passos do Dr. Freud, direcionando o foco para o Inconsciente, no qual estão registrados toda a nossa história pregressa, os fatos traumáticos, os medos, os desafetos, as crenças, os sentimentos, comumente de outras encarnações nossas. A recordação e a revivência de situações traumáticas, do ponto de vista emocional e físico, promovem o desligamento e o esvaziamento dessas cargas que ainda carregávamos por estarmos ainda sintonizados lá e nos influenciando até hoje. E, às vezes, são situações traumáticas de centenas ou milhares de anos atrás. Existem várias Escolas de Terapia de Regressão em inúmeros países, e cada terapeuta de regressão utiliza uma técnica própria. Mais adiante existe um capítulo próprio para esse assunto.

O que caracteriza cada Escola?

Cada Escola de Regressão trabalha com essa terapia de acordo com a sua própria visão, segundo o que acredita que a pessoa deva acessar e a finalidade disso. As Escolas podem classificar-se em reencarnacionistas e não reencarnacionistas. Dentro de cada uma dessas orientações ainda existem muitas técnicas e procedimentos variados entre seus seguidores. Uma Escola de Terapia de Regressão geralmente é uma criação, sobre esse assunto, de uma maneira própria do seu criador de vê-la e utilizá-la que, geralmente, se mantém com seus seguidores. São dezenas de Escolas no Brasil e no exterior.

As Escolas não reencarnacionistas atentam apenas para as recordações e catarses até a infância atual, ao útero e ao nascimento nessa vida. Muitos sofrimentos e patologias são, dessa maneira, minimizados ou eliminados. Fobias, sensação de estar preso, sentimentos intensos de rejeição e de medo, sentimento intenso de abandono, dificuldade de engravidar, medo do parto, etc., são muito beneficiados com as regressões para o início da vida atual.

As Escolas reencarnacionistas abrem mais o seu perfil investigativo, permitem mais liberdade para a recordação das pessoas e, embora surjam eventualmente situações dessa vida atual, o seu foco maior são as encarnações passadas, onde reside a imensa maioria da nossa memória.

Algumas Escolas de Terapia de Regressão reencarnacionistas terminam o processo regressivo (recordação) logo após o momento traumático na encarnação passada acessada e, identificando assim a origem da fobia, do pânico, da depressão, da dor física crônica, etc., trabalham sobre isso de várias maneiras. Outras Escolas reencarnacionistas terminam a recordação no momento da morte na vida acessada e aí realizam seu trabalho. Algumas Escolas concluem a recordação quando a pessoa recordou a sua morte na vida passada acessada, o seu desencarne, a subida para o Mundo Espiritual (período intervidas) e a estadia lá, até terem desaparecido todas as ressonâncias da encarnação passada acessada, e aí realizam seu trabalho.

A maioria das Escolas, reencarnacionistas ou não, trabalha com o esvaziamento das emoções afloradas (catarse), utilizando técnicas de repetição, redecisões, reprogramação, elementos da Programação Neurolinguística, técnicas de hipnose, decretos, entendimentos, etc., com resultados muito bons ou ótimos. E, como falei antes, isso é feito no momento em que termina a recordação: durante a vida passada acessada, no momento da morte lá ou quando a pessoa já recordou sua subida para o Mundo Espiritual, quando tudo já passou e ela está se sentindo livre e ótima.

Quais são os benefícios da Terapia de Regressão?

São inúmeros. Além de procurar, para tratar em sua origem, de onde vêm os nossos sentimentos e pensamentos conflitantes, certas ideias, crenças e atitudes estranhas, as fobias, o pânico, as tristezas profundas, uma forte sensação de abandono, de solidão, os medos intensos, uma timidez extrema, pode oportunizar às pessoas conhecerem-se melhor e entenderem a sua Personalidade Congênita, o seu padrão comportamental de séculos. E com isso compreenderem para o que vêm reencarnando e como podem aproveitar melhor a atual encarnação, no sentido da sua busca de mais evolução espiritual. Quanto aos benefícios físicos, existe a possibilidade de melhorar ou curar dores de difícil tratamento, como a fibromialgia e enxaquecas resistentes, e doenças de tendência crônica como a asma, principalmente quando se manifestam desde a infância. E o que vem trazendo uma fama altamente positiva para a Terapia de Regressão, uma grande possibilidade de solução para os casos de fobia, pânico e depressões severas. Os benefícios são, então, físicos e psicológicos, ou o benefício consciencial, e este, espiritualmente falando, muitas vezes é o mais importante, pois traz uma enorme ampliação do nosso autoconhecimento, para que utilizemos isso no aproveitamento desta encarnação. É uma terapia de investigação, cura e limpeza do Inconsciente, desligamento de fatos traumáticos e uma grande oportunidade de autoconhecimento.

No que a Regressão pode melhorar as pessoas?

A maior parte das pessoas busca a Terapia de Regressão para melhorar ou curar fobias, pânico ou depressão, resistentes aos tratamentos convencionais. Mas, em nossa opinião, além dessas curas focais, o que a Regressão pode fazer por todos nós é trazer uma enorme ampliação do autoconhecimento e, entendendo a noção de Personalidade Congênita, após três ou quatro sessões de Regressão, podemos nos engajar mais firmemente na nossa busca de mais evolução espiritual, que é a principal finalidade das encarnações. Todas as pessoas reencarnacionistas sabem que estamos aqui na Terra para promover a Reforma Íntima, mas quase ninguém sabe o que reformar. Como vamos reformar algo, se não sabemos o que devemos reformar? Alguém sabe que reencarnou para reformar a sua secular timidez? O seu antigo autoritarismo? A sua eterna impaciência? O medo que lhe acompanha há tantos séculos? A tendência a uma busca de solidão? O seu velho e conhecido egoísmo? A sua ilusória vaidade? A sua aparente submissão? A sua antiga companheira, a tristeza? Baseado na nossa herança católico-judaica, tendemos a acreditar que não devemos roubar, matar, cobiçar a mulher ou o homem do(a) próximo(a), etc., mas podemos ser tímidos, medrosos, autoritários, submissos, impacientes, pois isso não é pecado. Nada é pecado, mas, na busca da Perfeição, o que não for perfeito, é imperfeito.

Então, devemos, encarnação após encarnação, irmos evoluindo em nossas características de personalidade e nos nossos sentimentos, para irmos nos aproximando dos seres encarnados que passaram por esta Terra e que estão na nossa frente, como Chico Xavier, Gandhi, Yogananda, Anandamurti, Tereza de Calcutá, Amma e outros. Devemos imitá-los para, um dia, sermos iguais a eles. Podemos entender melhor para o que reencarnamos através de algumas sessões de Regressão, principalmente se o terapeuta focar também em ajudar as pessoas a encontrarem sua Personalidade Congênita. O terapeuta pode oportunizar isso e, assim, facilitar nosso aproveitamento dessas passagens terrenas. É na Personalidade Congênita que estão nossas características "crônicas" que estamos há alguns séculos tentando melhorar, estando aí evidenciada a nossa proposta de Reforma Íntima.

O que é a Ética na Terapia de Regressão?

Este é um aspecto muito importante na Terapia de Regressão, e os questionamentos de segmentos do Movimento Espírita contrários à Terapia de Regressão, relativos ao respeito ou ao desrespeito à Lei do Esquecimento, são totalmente pertinentes.

Uma certa parcela dos terapeutas de regressão atende aos desejos do seu paciente e direciona a regressão para aquilo que ele deseja curar, como uma fobia, o pânico, a depressão, etc. Se o grau espiritual do terapeuta é elevado e o Inconsciente da pessoa anseia por libertar-se daquele material tóxico trazido de vidas passadas, a situação que originou o transtorno é acessada (aflorada), liberado o seu conteúdo, feito o desligamento ou o esvaziamento (dependendo da Escola), e isso promove uma grande melhora e até a sua cura completa. Não há infração à Lei do Esquecimento, pois não é feito o reconhecimento de pessoas no passado, não ocorrem lembranças de fatos que deveriam permanecer ocultos à Consciência, é um ato terapêutico, uma catarse, uma liberação, que traz resultados frequentemente maravilhosos.

Os terapeutas de regressão sérios não aceitam colaborar com o desejo de pessoas de saberem quem foram em vidas passadas, quem elas e outras pessoas foram, se já se conheciam de outras vidas, etc., desejos esses movidos pela mera curiosidade ou vontade de saber se tiveram no passado algum conflito com seu pai, mãe, ex-marido, um filho, um colega de escritório ou uma atração por alguém. Essa atitude é coerente com a Ética na Regressão e evita a infração à Lei do Esquecimento. Assim faziam e fazem os grandes Mestres da Terapia de Regressão. Infelizmente, alguns terapeutas de regressão, movidos por ambição financeira ou por vaidade, que faz com que se iludam de que têm autorização espiritual para atender a essa solicitação, cometem essa infração, denegrindo todo um trabalho científico, digno e honesto, de seus colegas que respeitam as Leis Divinas.

Uma parcela dos terapeutas de regressão não incentiva o reconhecimento de pessoas no passado, por respeitarem a Lei do Esquecimento. Mas uma parcela incentiva esse reconhecimento, defendendo essa sua atitude com o argumento de que é um benefício que fazem para seus pacientes, ajudando-os a entenderem relacionamentos difíceis e conflituosos hoje em dia. A Escola de Psicoterapia Reencarnacionista coloca-se ao lado do Movimento Espírita, e a Regressão é orientada e dirigida pelos Mentores Espirituais das pessoas, que sabem o que pode e o que não pode ser acessado, e nunca incentivamos o reconhecimento no passado. Somos seus auxiliares nesse delicado processo terapêutico e isso possibilita conciliar-se Regressão e a Lei do Esquecimento, o que parecia impossível, mas pode ser feito, se for respeitada a Ética. A Regressão pode ser como o Telão do período intervidas aqui na Terra, onde os Seres Espirituais mostram algumas de nossas vidas passadas, para promover o nosso desligamento de lá e para recordarmos como era a nossa personalidade naquela época, em que ainda somos parecidos, o nosso padrão comportamental repetitivo, visando nos ajudar a encontrar o que André Luís, em *Obreiros da Vida Eterna* chama de Personalidade Congênita, a chave para o entendimento da proposta de Reforma Íntima.

A nossa posição é de que a Lei do Esquecimento faz parte da Lei Divina e nenhum terapeuta de regressão deveria infringi-la, sob pena de, acessado o que deveria permanecer oculto, agravar o Karma das pessoas e fazê-los entrar nele. Infelizmente, alguns se arvoram esse direito, acreditando-se seres especiais, e as pessoas, não sabendo como eles trabalham, e que cometem essa grave infração, entregam-se em suas mãos, em vez de se entregarem ao comando dos seus Mentores Espirituais, como ocorre nas regressões realizadas por terapeutas atentos a essa questão.

Qual a possibilidade de cura de uma enfermidade?
Depende do grau de merecimento de cada pessoa, ou seja, se Deus entender que ela está fazendo por merecer a cura. Se alguém fez muito mal em vidas passadas e hoje em dia continua fazendo o mal, seja para os outros, seja para si mesmo, então, pode não ter o merecimento de curar uma doença da qual padeça. Se o meu filho é reprovado continuamente na escola, ano após ano, vou pensar mais de uma vez se darei a ele um videogame novo. Deus é a Justiça, e, dentro dela, cada um recebe o que merece. Isso é Amor. Muitas vezes parece que alguém não merece receber uma cura, mas recebe, pois Deus é quem sabe, não nos cabe julgar. A doença, segundo o Dr. Bach, médico inglês do início do século XX, criador da Terapia Floral, é uma mensagem do nosso Eu Superior para mostrar o nosso erro. E quando ela cura? Quando retificamos o erro. As regressões podem curar sintomas focais como as fobias, o pânico e as depressões severas pelo desligamento e esvaziamento das situações causais dos sintomas. Mas a cura mesmo, ou seja, uma mudança profunda das nossas características negativas de personalidade, a eliminação de sentimentos inferiores, é uma tarefa lenta e trabalhosa, por isso mesmo realizada gradativamente, encarnação após encarnação, e as regressões auxiliam nessa missão, mas por si só não a realizam.

Qual o objetivo de fazer uma Regressão?

Depende da maneira como o terapeuta de Regressão trabalha, como enxerga seu ofício, e de suas crenças quanto à veracidade da Reencarnação. Alguns terapeutas trabalham com Regressão apenas para promover o desligamento ou o esvaziamento de emoções represadas de situações traumáticas desta vida, outros para fazer o mesmo, seja onde estiver a origem do problema, nesta vida ou em alguma outra.

A maioria dos terapeutas de regressão trabalha além da intenção apenas do desligamento e do esvaziamento das emoções e sensações, desejando que as pessoas possam se conhecer melhor através dessas "viagens no tempo", a fim de aproveitar melhor esta atual passagem terrena.

Algumas pessoas querem apenas se libertar dos sintomas que os incomodam, outros querem ampliar seu autoconhecimento. O objetivo da Regressão vai depender do terapeuta e de quem consulta.

Qual é o poder terapêutico da Regressão?

Para curar sintomas focais, é maravilhosa. No caso de fobia de lugar fechado, por exemplo, a pessoa encontrando o local fechado onde ficou presa no passado e de onde vem o medo, recordando a sua saída de lá e continuar recordando até todo aquele medo ter desaparecido, a cura pode ser imediata. Um pânico que venha de uma guerra em outra encarnação, desligando-se de lá, a cura pode ser obtida ali mesmo. Uma fibromialgia que venha de uma situação de tortura, uma queda, um trauma físico, em outra encarnação, pode curar rapidamente. Mas o poder terapêutico da Regressão quanto à mudança, à Reforma Íntima, à transformação que nosso Espírito nos pede, e pela qual somos os responsáveis, ela é um grande auxiliar, mas faz somente o que pode fazer: mostrar, ensinar, revelar e esclarecer. O resto deve ser feito por cada um de nós, no dia a dia, refreando nossos instintos, sublimando nossas imperfeições, acessando o nosso Eu Superior, pedindo ajuda aos nossos Mentores Espirituais, enfim, engajando-nos na grande Missão das encarnações: a busca da Purificação, ou, melhor dito, o retorno a ela.

É possível resolver um problema em uma sessão?

Depende do que a pessoa está procurando. Se desejar tratar algum problema focal, um desconforto físico, um medo, uma sensação de solidão desproporcional à sua realidade, pode até obter o resultado desejado com duas ou três sessões. Porém, se for uma mudança de características de personalidade, uma antiga tendência de sentimentos e atitudes, a pessoa vai receber uma grande ajuda com a Regressão, mas terá de fazer a sua parte.

Qual a sensação de reviver uma vida passada?

Cada um regride a seu modo. Uma pessoa mais emotiva, mais dramática, pode realizar uma Regressão vivenciando-a mais intensamente. Já uma pessoa mais racional relata os fatos mais friamente. Algumas pessoas falam em "eu", outras falam em "ele" ou "ela". Nesses casos, nós procuramos, num certo momento, fazer com que a pessoa sinta que é ela mesma que está na situação. A sensação vai depender da vida que foi acessada, se foi agradável, desagradável, se aconteceu alguma tragédia, uma perda afetiva com repercussão emocional importante, um trauma físico ou psicológico muito intenso, como era a nossa personalidade naquela vida acessada, o que fazíamos, enfim, cada pessoa regride a seu modo e sente, durante a rememoração, o que está acessando como algo presente e não passado. Dentro do nosso Inconsciente tudo é presente, por isso que os traumas de vidas passadas nos afetam tanto hoje em dia, a ponto de originar fobias, pânico, depressões severas, dores físicas crônicas, etc., de difícil tratamento com os métodos tradicionais médicos e psicológicos e, muitas vezes, facilmente solucionados com alguns desligamentos dessas situações passadas.

Qual a diferença entre Regressão de Memória, Terapia de Vidas Passadas e Psicoterapia Reencarnacionista?

Regressão de Memória significa "voltar no tempo" e relembrar situações do passado nesta vida, seja do ano passado, da adolescência, da infância, do nascimento ou do período intrauterino, ou de outras vidas terrenas. Essas situações podem ser conscientes ou inconscientes, e isso pode ser feito espontaneamente, durante o sono, através da prática da meditação, em estados de expansão da Consciência ou durante uma terapia. A Terapia de Vidas Passadas, que não é uma terapia das vidas passadas, e sim da nossa vida eterna focada no hoje, é, como o nome indica, uma Terapia que utiliza a Regressão de Memória para acessar e desligar uma pessoa de fatos do seu passado, nos quais ela ainda está sintonizada, sentindo o que sentia lá, sem entender por que sente medo de lugares fechados, por que tem, desde criança, uma tristeza dentro de si, por que se sente sozinha mesmo quando está acompanhada, por que tem pavor de raios e relâmpagos, de barulhos fortes, por que tem asma desde nenê, por que sente dores físicas sem uma explicação médica para isso, etc., e para ajudar as pessoas a perceberem seu padrão comportamental secular ou milenar, ainda hoje vigente. A Psicoterapia Reencarnacionista, como o nome indica, é uma psicoterapia baseada na Reencarnação, com a duração de alguns meses de tratamento, conversas de uma hora sobre a vida atual, semanais, a cada dez dias ou quinzenais, ajudando as pessoas a fazerem uma releitura de sua infância sob a ótica reencarnacionista, entenderem os gatilhos e as armadilhas da vida terrena, sendo a Regressão, com duas horas de duração, uma das ferramentas principais para ajudá-las a se desligarem de situações do passado e poderem encontrar a sua Personalidade Congênita, saberem para o que vêm reencarnando há séculos e para o que reencarnaram desta vez, ou seja, qual a sua proposta de Reforma Íntima. Além disso, a Psicoterapia Reencarnacionista, por sempre oportunizar a recordação da estadia nos períodos intervidas, após cada vida passada acessada, traz a lembrança dos arrependimentos e das frustrações quanto àquelas vidas passadas, as lições e os ensinamentos lá recebidos, os encontros com Seres Espirituais, os estudos realizados, as metas propostas para a nova descida, etc.

Qual a idade mínima para o tratamento?

As regressões são feitas em adultos, em adolescentes e em crianças. A finalidade é a mesma: promover o afloramento, o esvaziamento e o desligamento de situações traumáticas do passado, para melhorar ou curar sintomas focais (fobia, pânico, depressão, dores físicas crônicas, etc.), sintomas psicológicos (mágoas e rejeição intensas, timidez, solidão, etc.), o uso de drogas lícitas ou ilícitas, as tendências de rebeldia ou delinquência, etc., e o encontro do seu padrão comportamental. Em crianças, a regressão é utilizada para a melhoria ou cura das fobias, do pânico, depressões sem motivo aparente ou desproporcional a uma situação conflitante, timidez intensa, uma forte tendência de magoar-se, de sentir-se rejeitada, dificuldade na fala ou na locomoção (sem uma causa física identificável), pesadelos em que acorda gritando, com muito medo, às vezes falando em uma língua estranha, etc. Se a criança é muito pequena, as regressões podem ser feitas a distância, sem sua presença, em sua mãe, em outro familiar ou em uma pessoa que se disponha a fazer esse trabalho.

A Regressão pode nos proporcionar uma revisão profunda no nosso modo de ser e de agir?

Uma pessoa, acessando algumas de suas encarnações passadas, geralmente começa a enxergar essa vida como ela é realmente: mais uma passagem do nosso Espírito pela Terra, em busca de evolução espiritual, de volta à Purificação. Vendo em outras épocas atitudes e procedimentos que não deram um bom resultado, isso faz com que, hoje, se estão novamente fazendo a mesma coisa, revisem essa postura e queiram mudar. É frequente uma pessoa alcoolista descobrir que já bebia em vidas passadas, e essa constatação, aliada ao desligamento daquele passado, pode ajudar muito a conseguir libertar-se dessa drogadição lícita. O mesmo para quem pensa muito em suicídio, geralmente suicidou-se em outras vidas e muito frequentemente foi para o Umbral, e ver isso e sentir como é a vida naquele lugar, recordar o seu resgate, a sua chegada envergonhada ao Mundo Espiritual, pode fazer com que desista dessa sua tendência e comece a encarar as dificuldades da vida terrena como uma oportunidade de crescimento e evolução. Pessoas que ficam tristes, que se magoam facilmente, que se sentem sempre rejeitadas, já eram assim em vidas passadas, e, revendo isso, entendem que esses sentimentos não se originaram nessa infância, e isso, além de lhes revelar a sua proposta de Reforma Íntima (que é mudar essa maneira de lidar com os fatos da vida), ajuda a inocentar os supostos "vilões" (geralmente pai e mãe ou circunstâncias da infância atual) que acreditavam serem os causadores desses sentimentos, entendendo que foram apenas os gatilhos solicitados e afloradores deles. Um dos grandes benefícios da Regressão, se o terapeuta aproveita a oportunidade para ajudar as pessoas a encontrarem a sua Personalidade Congênita, é mudar, às vezes completamente, o modo de ser e agir nesta vida atual.

Qual é a porcentagem de cura?

Se estamos falando em curar fobia, pânico e depressão com a Terapia de Regressão, a porcentagem é muito grande, com os sintomas melhorando muito ou curando em uma grande porcentagem das pessoas. Também se pode melhorar muito ou curar uma timidez extrema, uma grande sensação de solidão, de abandono, uma tristeza sem causa evidente, um transtorno obsessivo-compulsivo, uma depressão severa, ideias e crenças estranhas, posturas e atitudes difíceis de entender. Isso é a cura de um sintoma focal, de uma característica de personalidade, de um medo, de uma dificuldade. Mas o que é cura? A verdadeira cura é a Purificação, que quer dizer: Puro fica São. Então, nem a Regressão e nenhuma Medicina ou Terapia pode curar alguém, pois ninguém alcança a Pureza fazendo terapia, apenas com o aprimoramento moral, encarnação após encarnação, durante algumas centenas ou milhares de anos. Nós todos somos seres com algumas centenas de milhares de anos e ainda ficaremos por aqui mais dezenas ou centenas de milhares de anos, então, tempo não falta, o que podemos fazer é usarmos a nossa inteligência, passando-a do campo intelectual para o campo espiritual, ou seja, da mente para o coração, e assim abreviarmos essa nossa estadia neste planeta, essa viagem de estudos pelo Inferior.

Quantas vidas passadas podemos acessar numa sessão de regressão?

O ideal é a pessoa acessar uma, duas ou três encarnações em uma sessão de Regressão. Algumas vezes, recebemos a informação de uma pessoa que realizou Regressão e que acessou dez ou doze vidas passadas em cada sessão. Regressão não é turismo por vidas passadas. Qual o benefício de uma pessoa acessar tantas vidas e ver pedaços de cada uma, não se desligar de nenhuma, não ver como era a sua personalidade lá e o seu comportamento nelas? O terapeuta de Regressão deve ter uma diretriz, saber exatamente qual o objetivo para o qual vai realizar a Regressão numa pessoa. Se for para encontrar a causa da fobia, do pânico, da depressão severa, de uma dor sem solução com os tratamentos efetuados, então deve atentar para que a pessoa, após recordar o fato causal, esteja se sentindo muito bem antes de encerrar a sessão. Se for para saber como ela era em suas vidas passadas, para encontrar a sua Personalidade Congênita, então deve acessar vidas inteiras. Já ouvi relatos de regressões feitas, assim: "Eu vi uma vida em que era uma bailarina, depois outra em que era uma freira, aí vi uma em que era um marinheiro, vi outra em que era um menino abandonado, aí, em seguida, uma que eu era um padre...". Sabe o que é isso? Nada. Não cura nada, não resolve nada, não esclarece nada, não traz nenhum benefício.

Na Regressão, até que período de tempo podemos regredir? Está sob nosso controle ou não?

Pode estar sob o controle do terapeuta ou do Mundo Espiritual. Depende do método com o qual cada um trabalha. Eu já ouvi relatos do tempo das cavernas. Também já ouvi uma pessoa relatar que sobrevoava um campo, descia, pegava um bichinho com a boca, subia, depois descia de novo, pegava outro, descia... Isso não é um Espírito humano, seria uma ave? Ouvi relatos de vindas de outros planetas, de dentro da Terra. Para mim, tudo pode ser verdade, ou nem tudo, ou nada. Como saber verdadeiramente? Os cientistas nos dizem que existem bilhões de galáxias com bilhões de estrelas em cada uma, o que dá um número enorme de zeros, e aí dentro dessa imensidão está o nosso planeta, um dos menores conhecidos, e nele, pequenininhos, quase minúsculos, estamos nós, com 1 metro e 70 centímetros de altura. E querendo entender as coisas...

Como funciona a Terapia de Regressão?

Cada Escola trabalha de maneira diferente, mas basicamente a Terapia de Regressão funciona da seguinte maneira:

1. A utilização de hipnose em maior ou menor grau, ou através de um relaxamento profundo, ou toque em pontos estratégicos e outros modos de indução para o acesso ao passado.

2. A finalidade é a rememoração de fatos escondidos no Inconsciente da pessoa, dessa vida atual ou de vidas passadas, a fim de exteriorizá-los, liberando aquele material, com a consequente melhora, ou cura, dos sintomas que essas ressonâncias traziam para o presente.

Como é feito o desligamento do trauma?

Alguns terapeutas promovem o desligamento do fato acessado após o final da situação traumática, outros levam a recordação até o momento da morte naquela encarnação. Algumas Escolas, como a nossa, incentivam a rememoração até a chegada da pessoa, naquela ocasião, ao Plano Astral (período intervidas) até ela estar se sentindo muito bem e até que todas as ressonâncias daquela vida terrena que terminou tenham desaparecido. O Método clássico de Regressão trabalha com o esvaziamento das emoções acessadas ao final da situação traumática recordada. Alguns terapeutas utilizam nesse momento técnicas de PNL (Programação Neurolinguística), Reprogramação, Mentalização Positiva, Imaginação Ativa, Repetição, Catarse, entre outras. Todos os terapeutas de Regressão alcançam resultados bons, muito bons ou ótimos em seu trabalho, independentemente da técnica que utilizam.

Uma pessoa pode acionar algum padrão de outra experiência de vida e acabar incorporando esse padrão para a vivência atual, ficando com características que antes não apresentava ou que eram menos acentuadas?

Nunca vi ninguém incorporar um padrão de outra vida, porque nós somos muito parecidos com nós mesmos há centenas, quando não milhares de anos, e o padrão que alguém acessa em encarnações passadas é o mesmo que apresenta atualmente, e aí é que ela encontra a sua proposta de Reforma Íntima. Pode acontecer de alguém desligar-se de uma vida passada, porém continuar mantendo uma sintonia com outra, aí melhora depois da sessão, mas dali a alguns dias piora. Fazendo outra sessão, desligando-se daquela à qual continuava sintonizada, melhora novamente. Veja bem: ela não sintonizou com outra vida porque fez uma sessão, e sim ela estava sintonizada em várias vidas passadas e, após se desconectar de uma, ela passa a sentir as vidas registradas mais no fundo de seu Inconsciente. É como ir descascando, descascando... Por isso é conveniente realizar três ou quatro sessões de regressão, quanto mais a pessoa desliga do passado, mais vai sentindo alívio, e melhor vai se conhecendo.

Alguém pode ficar lá no passado?

Isso deve ser dito assim: "Alguém pode ficar sintonizado lá no passado?". A resposta é "Sim!". Uma vez atendi um rapaz que me contou que fez uma regressão com uma terapeuta e, quando ele estava recordando uma situação extremamente tensa de uma guerra, ela tocou em seu ombro e lhe disse que o tempo da sessão estava esgotado e que continuariam na próxima sessão... Ele saiu muito mal do consultório, sintonizado naquela guerra, chegou em casa em pânico, e a sua família, vendo que ele não melhorava, levou-o a um Pronto Socorro Psiquiátrico, ele foi internado e desde lá passou a sofrer mais ainda de Pânico, tomando medicamentos psicotrópicos para isso. Enquanto ele me falava, às vezes fechava os olhos e me dizia que ainda via a guerra, os soldados, os cavalos... Após muita insistência minha, ele deitou e continuou aquela regressão. Em poucos minutos, recordou a sua morte lá, o seu desencarne, a sua subida para o Mundo Espiritual, recordou que foi encaminhado para um hospital, continuou recordando que foi melhorando, até ficar muito bem, até tudo ter passado. Aí fui encerrando esse restinho de regressão, que não durou mais do que quinze minutos, e ele voltou calmo, tranquilo, livre do Pânico com que ficou pela irresponsabilidade e falta de conhecimento daquela terapeuta. Então, quando alguém pergunta se com a Regressão, pode ficar lá, a resposta é "Sim!". Mas se fizer o procedimento com um terapeuta capacitado, que trabalhe com o esvaziamento das emoções da situação traumática acessada, com o desligamento bem feito, e sair da sessão sentindo-se muito bem, não existe essa possibilidade. Existe uma regra: onde termina a regressão, fica a sintonia.

Como é feito esse acesso às vidas passadas? É por meio da hipnose? Alguns terapeutas hipnólogos afirmam que existem algumas pessoas que não são capazes de serem hipnotizadas.

Realmente, existem pessoas que não são capazes de regredir com os terapeutas que utilizam a hipnose, outros com os que utilizam

Meditação. Algumas vezes, o fato de uma pessoa não acessar situações do seu passado, durante uma sessão de Regressão, deve-se à influência de Espíritos interessados em obstaculizar essa possibilidade de resolver algum problema, doenças ou sintomas que afetam aquela pessoa. Outras causas de dificuldade em regredir é o que ocorre com pessoas muito mentais, que não conseguem diminuir a intensidade do seu processo intelectual. Também pessoas autoritárias, mais acostumadas a liderar, não sabem se entregar, não se permitem ser dirigidas e comandadas pelo terapeuta ou pelos Mentores. Podemos acrescentar aqui também as pessoas desconfiadas. As pessoas que têm conflitos com seu pai ou sua mãe podem ter dificuldades para se entregar a um terapeuta homem ou a uma terapeuta mulher. Ou então pode acontecer de ainda não ser a hora de alguém receber esse benefício por falta de merecimento.

Alguns terapeutas de regressão afirmam que, apenas se for necessário à pessoa, ela acessa conteúdos de vidas passadas. Se não for, ela apenas regride até o útero materno ou a algum período da infância importante para a cura?

Muitos terapeutas de regressão realizam essa técnica apenas quando a pessoa apresenta uma necessidade, quando apresenta um transtorno fóbico, pânico, depressão severa, dores físicas crônicas, etc. Para a Psicoterapia Reencarnacionista, que é a Terapia da Reforma Íntima, a Regressão faz parte do tratamento por funcionar como o Telão do Mundo Espiritual (período intervidas), e todas as pessoas em tratamento realizam algumas sessões de "Telão". Quando eu comecei a trabalhar com a Terapia de Regressão, por muitos anos, eu só oportunizava Regressão em pessoas necessitadas dela, porém, quando começou a se estruturar a Psicoterapia Reencarnacionista, a necessidade de Regressão passou a ser universal, ou seja, todas as pessoas em tratamento precisam de Regressão, quer seja por uma necessidade terapêutica imediata, quer seja pela necessidade consciencial.

A Terapia de Vidas Passadas também possibilita o acesso a conteúdos da vida atual?

Muitas pessoas nas regressões acessam a sua infância atual, a vida intrauterina e o seu nascimento, quando necessitam desse acesso, para esvaziar sentimentos e emoções lá represados dentro do seu Inconsciente, mas, mais comumente, as pessoas acessam outras encarnações. Evidentemente, se o terapeuta de regressão não acredita ou não lida com a Reencarnação, talvez os seus pacientes não acessem vidas passadas ou, se o fizerem, isso será interpretado como acesso a memórias de antepassados, simbolismos, etc. Mas fica difícil explicar um antepassado negro em uma pessoa de origem alemã, um antepassado francês em uma pessoa negra ou, como recordo, uma regressão em uma pessoa negra que acessou uma situação do passado em que afirmava ser um oficial norte-americano branquíssimo e em outra era um maquinista de trem irlandês ruivo. As regressões podem ensinar algumas pessoas a não serem racistas.

As pessoas regridem a vidas passadas pela hipnose?

Muitas vezes, durante uma sessão de massoterapia, de relaxamento, de Reiki, algumas pessoas regridem a situações traumáticas do seu passado, e, frequentemente, o terapeuta nem percebe ou não sabe o que fazer. É simples, basta pedir para a pessoa que está regredindo contar o que está acontecendo e incentivá-la a rememorar a situação até o final, isto é, até estar se sentindo bem e todas as sensações terem passado. Muitos transtornos podem ser resolvidos assim (enxaquecas, dores nas costas, fibromialgia, artrites, asma, enxaquecas desde a infância, se vierem de vidas passadas). No exercício profissional da Terapia de Regressão, cada terapeuta utiliza uma técnica diferente, uns promovem uma hipnose profunda, outros uma hipnose mais superficial, outros ainda utilizam apenas o relaxamento do corpo físico, outros fazem a indução tocando em certos pontos do corpo da pessoa, outros utilizam o tambor, enfim, são muitas as maneiras de induzir uma pessoa a permitir aflorar o conteúdo do seu Inconsciente.

Como acontece a aceitação e superação dos problemas?

Ela acontece porque a pessoa percebe que estava sintonizada em situações traumáticas de vidas passadas, e sua família também fica informada disso. A superação da dificuldade ocorre pelo desligamento do fato, após a recordação, o que proporciona uma melhora ou cura muitas vezes instantânea. Quando a pessoa não obtém essa grande melhora ou cura, deve realizar mais duas ou três sessões de Regressão, porque deve estar sintonizada em mais situações semelhantes. A melhora não ocorre apenas por saber de onde vem o sintoma e, sim, pela exoneração daquele material de dentro do seu Inconsciente. Algumas pessoas rotuladas de esquizofrênicas, paranoides, bipolares, e assim vistas pelos seus familiares e conhecidos, encontraram vidas passadas onde estavam sintonizadas e onde ainda estavam, dentro do seu Inconsciente. Pelo desligamento de lá, e pelo entendimento daquelas atitudes, dos pensamentos e posturas inexplicáveis, a sua melhora foi muito grande. Mas também é conveniente, nesses casos, uma consulta e provável tratamento em Centro Espírita.

Existe alguma técnica para que uma pessoa possa se autorregredir?

Eu não recomendo isso. Uma pessoa regredindo sozinha, em sua casa, em algum local não protegido, não preparado para essa finalidade, pode fazê-la ficar à mercê de Espíritos obsessores ou zombeteiros, que podem estar no ambiente, e ela fazer uma viagem nada agradável ou fantasiosa. E também, dificilmente uma pessoa que acesse uma situação traumática do seu passado, num momento crucial de dor ou sofrimento físico ou emocional, consegue se manter regredida, pois, por um mecanismo natural de defesa, volta para cá e, com isso, pode até reforçar uma sintonia com um fato traumático do seu passado, ou seja, piorar as coisas. Por exemplo, uma mulher com dificuldade de entrega na relação sexual, com dificuldade de atingir o orgasmo, pode, numa Regressão, encontrar um momento de abuso sexual sofrido no passado. Se ela estiver realizando esse processo com um profissional experiente, que lhe passe segurança e confiança, poderá recordar o fato até o final para que se desligue dele, mas, e se estiver sozinha? Provavelmente, pelo medo que está sentindo lá, voltará para o momento presente e não só não se desligará da situação, como pode até ficar ainda mais traumatizada. Alguém que sofre de asma ou gagueira, e encontra um enforcamento? Conseguirá se manter até o final lá, recordando, ou voltará para cá, instintivamente, e aí poderá até piorar sua dificuldade respiratória? Uma fobia de lugar fechado, encontrando uma cela fechada onde ficou até morrer? Uma fobia de lugares abertos, com muitas pessoas, encontrando uma guerra, um ataque inimigo?

Terapia de Regressão é um procedimento sério e deve ser encarado assim. Não recomento cd's para regressão, para fazer esse procedimento sozinho em casa, pelo risco que isso representa.

Capítulo 2
QUAIS AS INDICAÇÕES DA TERAPIA DE REGRESSÃO?

Em quais casos a Terapia de Regressão é indicada?

Depende da intenção de cada terapeuta. Os profissionais que trabalham com a Terapia de Regressão, reencarnacionistas ou não, têm a intenção de ajudar as pessoas a acessarem situações traumáticas de vidas passadas ou de sua vida atual para que, recordando-as, esvaziem seu conteúdo emocional, desliguem-se delas, e obtenham a cura ou uma boa melhora dos sintomas que apresentavam. Os terapeutas de regressão que trabalham psicoterapicamente, ou seja, além de apenas realizarem o esvaziamento emocional e desligamento de situações traumáticas, aproveitam essa oportunidade para as pessoas recordarem vidas passadas e lembrarem como têm sido nos últimos séculos, como eram nessas vidas, o que faziam, como se conduziam, que atitudes tomaram que deram um bom resultado, e quais não deram um bom fruto, e, comparando-se com hoje, poderem perceber para o que vêm reencarnando, descobrirem qual o propósito dessa atual encarnação e como podem, através da Reforma Íntima, realmente aproveitar esta passagem, mudando um padrão comportamental secularmente repetitivo.

A Terapia de Regressão pode ajudar pessoas com dificuldade de aprendizado?

Se essa dificuldade de aprendizado estiver relacionada a fatos de outras encarnações, como, por exemplo, uma criança com dificuldade escolar estar sintonizada em uma vida passada em que era um escravo e se achava muito inferior aos outros, pode, na vida atual, na sua Escola, continuar se acreditando inferior, sentar lá nas últimas classes, não conseguir falar, não se expor... Quando é solicitado que fale, não é a criança que levanta, é o escravo. Uma mulher que no século XIX, por exemplo, tenha sido proibida de estudar por não ser "coisa de mulher", hoje pode estar sofrendo o reflexo disso. Se estiver sintonizada numa encarnação passada em que era um monge, isolado num mosteiro no alto de uma montanha, em constantes trabalhos de silêncio, de meditação, provavelmente, hoje em dia terá muita dificuldade com nosso método de ensino baseado no lado esquerdo do cérebro, apenas lógico e racional. Se é um Espírito que não queria reencarnar, veio de má vontade, pode não estar a fim de aterrissar, estudar, esforçar-se. Existem essências florais para esses casos.

Distúrbios sexuais, como uma repulsa ao sexo, podem ser consequências de vivências desagradáveis em outras encarnações? A Terapia de Regressão pode ajudar?

Tenho visto sintomas, dificuldades, medos, tristezas, ideias estranhas e bloqueios nas sessões de Regressão. Quando são de forte intensidade, principalmente se surgem já na infância, que é a continuação da encarnação anterior, têm sua origem em vidas passadas e têm boa possibilidade de solução, ou de melhora, através dos desligamentos promovidos pela Terapia de Regressão. Os distúrbios sexuais geralmente têm sua causa em outra vida, em estupros, vidas de prostituta ou de freira, de devassidão sexual, encarnações como homem, mas hoje como mulheres e, nos homens, vidas de padre, de ermitão, encarnações como mulher, abusos sexuais, etc. A personalidade dos pais na infância, suas ideias e concepções em relação a esse assunto, evidentemente podem agravar o que vem das vidas passadas, mas geralmente não são a causa dos distúrbios sexuais, e sim reforços ao que veio escondido dentro do Inconsciente da criança. Ser reencarnacionista é muito mais do que acreditar em Reencarnação, é também fazer uma releitura de nossa infância, segundo a ótica reencarnacionista, principalmente com a pergunta "Por quê?". Por exemplo, por que precisei ter um pai hipersexual ou por que precisei dessa mãe fria ou avessa ao sexo, ou preconceituosa? Quem acreditar que um sintoma seu a respeito de sexo vem da infância, devido aos pais ou à família, pergunte-se por que pediu (necessitou) para nascer aí, nesse ambiente? Nas regressões, poderá encontrar vidas passadas nas quais era igual ao pai ou igual à mãe, poderá ver abortos que cometeu, vidas de prostituição, de padre ou de freira, de muito casto(a) ou devasso(a). E aí entenderá que a explicação estava escondida, que a causa não eram os "vilões", e, com isso, poderá, além de melhorar as suas questões sexuais, através do desligamento daquelas vidas passadas, encetar um processo de resgate de afetividade com seu pai, com sua mãe, com sua família, e cumprir a 2ª Missão da encarnação: o resgate com Espíritos conflitantes. A 1ª Missão é a Reforma Íntima, essa é a mais difícil de todas.

Processos de rejeição entre pais e filhos têm origem em outras vidas e podem ser resolvidos com Regressão?

Se isso vier de encarnações passadas e o Mentor da pessoa entender que pode mostrar o que existe entre eles nesses últimos séculos. Porém, pela minha experiência, o Mundo Espiritual não é afeito em mostrar nossos desacertos em vidas passadas. Pelo contrário, as pessoas regredidas com ética raramente reconhecem alguém, e quando reconhecem é em situações boas, como, por exemplo, alguém que a cuidava em uma vida passada, que a ajudava, que foi buscá-la no Umbral, coisas assim. Lembro de uma regressão em que a pessoa estava sendo estuprada e ela me dizia que estava reconhecendo o agressor, que sabia quem era, mas só conseguia vê-lo até o pescoço, dali para cima havia uma espécie de nuvem que a impossibilitava de ver o rosto dele, ou seja, o Mundo Espiritual não queria que ela reconhecesse o homem. Mas se o terapeuta não respeitasse a Lei do Esquecimento e a incentivasse a reconhecer o estuprador, quem seria? O seu pai atual, seu marido ou ex-marido, o seu filho, um colega do escritório com quem ela não simpatiza... De que isso serviria? Aumentaria a mágoa e a raiva em relação ao reconhecido. Deus os teria aproximado para uma tentativa de harmonização, e o terapeuta estraga tudo. Nós fazemos o contrário, quando uma pessoa acredita que reconheceu um "vilão" do passado durante uma sessão de regressão, nós costumamos desestimular essa convicção, falando que pode ser, pode não ser, que ela pode acreditar ter reconhecido alguém de quem tem mágoa, uma raiva, e não ser a pessoa que ela acha que foi seu algoz lá. Eu costumo dizer para quem acredita que reconheceu alguém, que tenha cuidado, pois poderá passar toda essa vida tendo a certeza de que foi uma pessoa e quando chega ao Mundo Espiritual, depois de desencarnada, fica sabendo que não era aquele, era outro, que nem encarnado estava ou até alguém que ela nem desconfiava que fosse o "vilão". Essa questão de rejeição entre pais e filhos só é admissível entre não reencarnacionistas, pois se a pessoa é reencarnacionista, sabe que, se sente uma aversão por seu(sua) filho(a) ou por seu pai ou mãe, é porque tem um conflito antigo entre eles e pediu a Deus que lhe enviasse aquele Espírito como filho(a) ou como seu filho, para poder acontecer o resgate entre eles, para começarem a fazer as pazes. O mesmo para quem tem mágoa ou raiva do pai ou da mãe. Por que, entre tantos pais e mães aqui na Terra, escolheu logo aquele(a)? Sempre devemos pensar que estávamos no Plano Astral e viemos para essa família, para esse pai, para essa mãe, e isso tem um significado e, mesmo que tenha um conflito, é para o nosso bem, é para identificarmos as nossas próprias inferioridades e para nos harmonizarmos. Na Psicoterapia Reencarnacionista, fazemos um exercício chamado "Conte a sua história de vida a partir de um ano antes de sua fecundação".

Uma atuação profissional insegura, com altos e baixos, pode ser estabilizada através da Terapia de Regressão a vidas passadas?

Depende. Se isso se deve a fatos do passado, pode ocorrer uma compreensão do motivo desses altos e baixos e a pessoa promover mudanças em si que oportunizem estabilizar a sua vida profissional. Mas existem outras possibilidades: uma pessoa pode estar atuando em uma área que seu Espírito não queria, pode estar cometendo atos desonestos ou trabalhando em uma empresa que vise apenas ao lucro, sem atentar para a validade ética dos seus produtos, a pessoa pode ter cometido erros graves em vidas passadas relacionados a dinheiro, a bens ou posses e, hoje, motivada por uma culpa inconsciente, estar se boicotando, bloqueando seu sucesso profissional, etc. Num caso assim, eu sugeriria umas três ou quatro sessões de "Telão", para ver se isso se deve ao passado ou ao presente. Se for do passado, a compreensão pode colaborar para uma mudança de rumo, de atitude. Se não for, se é de agora, então tem que ver se a sua área de atuação é a que o seu Espírito quer realmente, se é o que em seu Íntimo deseja fazer, se não caiu numa armadilha da vida terrena, trabalhando naquilo apenas por dinheiro, por posição social ou por segurança. Algumas vezes, uma pessoa fracassada profissionalmente está ainda agredindo o seu pai, a sua mãe, numa atitude adolescente, sem perceber. São casos para se estudar profundamente, num esquema tríplice: a vida atual, as suas encarnações passadas e o entorno, para verificar se não existem influências espirituais negativas.

A claustrofobia é tipicamente uma doença causada por traumas levados de uma encarnação a outra?

Em todos os casos que atendi de claustrofobia (medo de lugares fechados), a causa deste distúrbio estava em encarnações passadas, e a melhora com o desligamento, geralmente, foi de boa a ótima. A pessoa com claustrofobia está sintonizada em um lugar fechado, como, por exemplo, em uma cela onde ficou presa até morrer. Pode estar ainda se sentindo no caixão onde ficou em Espírito e lá permaneceu durante muito tempo, até perceber a ajuda espiritual, que a encaminhou para o Mundo Espiritual. Pode estar escondido em um lugar em pânico, durante uma guerra, numa invasão ou em um terremoto. Nesses casos de fobia, a pessoa está vivendo simultaneamente a encarnação atual no seu consciente e uma ou mais situações do passado no Inconsciente, de onde vêm os sintomas. O tratamento psicológico apenas até a infância, medicamentos químicos paliativos, são insuficientes, é necessário ir lá onde está a causa e cortar o mal pela raiz. As pessoas chegam no consultório e dizem o que sentem, de quem têm medo, já podemos imaginar o que aconteceu em outras vidas.

Alguém que está sempre se sentindo culpado, que se culpa por tudo, pelo que fez, pelo que não fez, isso pode ser de vidas passadas?

A tendência de se culpar pode vir de situações de vidas passadas nas quais não fez o que devia ter feito ou fez algo errado que tenha gerado consequências negativas. Tudo que é muito forte, intenso, em nossas características de personalidade, em nossos sentimentos, e, no caso, uma forte tendência de culpar-se, vem de vidas passadas. Na verdade, não existem vidas passadas, temos uma vida só, é que nosso corpo físico não dura para sempre, de vez em quando precisamos substituí-lo por outro e isso chama-se "vidas passadas" e "vida atual". Nós temos centenas de milhares de anos e mais algumas décadas, lembramos apenas dessas décadas e todo o restante esconde-se dentro do que se chama Inconsciente, e é aí que se encontra a origem e uma possível solução para os transtornos e sintomas intensos, principalmente se já se evidenciam desde a infância.

Uma grande timidez pode ser do passado?

Precisamos diferenciar timidez de repressão do próprio poder. Timidez é medo, é vergonha, é sensação de inferioridade, e repressão do próprio poder é culpa por atos cometidos em encarnações anteriores, quando tinha muito poder e fez mau uso dele. Tanto a timidez verdadeira como essa falsa timidez podem ter sua origem encontrada, entendida, e o desligamento da situação pode acarretar uma grande melhoria nessa postura. Por exemplo: uma timidez pode vir de uma vida passada, em que a pessoa era um escravo negro, considerado inferior, e a repressão do próprio poder pode vir do senhor de escravos que se arrependeu pelo que fez quando estava no Mundo Espiritual e lá decidiu que não ia mais soltar o seu poder, por medo de fazer mau uso dele.

Só quem tem um problema pode fazer Regressão ou se pode fazer a título de curiosidade?

Todos podem fazer Regressão. Eu recomendo aos interessados nessa terapia que procurem se informar com o terapeuta sobre qual o método que este utiliza, o que visa com esse processo, quem é que faz a Regressão, se é ele próprio ou o Mundo Espiritual e se incentiva o reconhecimento de pessoas durante o processo regressivo. Também recomendo que observe o terapeuta, sinta o seu caráter, a sua honestidade, a impressão que lhe causa. A pessoa precisa sentir empatia, segurança e confiança no seu terapeuta. A Terapia de Regressão é uma criação do Mundo Espiritual para ajudar as pessoas aqui na Terra a se libertarem mais rapidamente do seu passado, para seguir com mais firmeza para a frente. Mesmo que, aparentemente, uma pessoa não tenha a necessidade de fazer Regressão, uma viagem de autoconhecimento por alguns séculos ampliará enormemente o seu entendimento. A Regressão propiciará a ela melhor compreensão e consciência das suas últimas encarnações, fazendo com que sua encarnação atual seja mais produtiva. E também para que possa entender melhor e libertar-se das ilusões dos seus rótulos. Eu sou Mauro ou estou no Mauro? Eu sou brasileiro? Sou branco?

Nós realizamos Regressão de rotina, porque não somos nós quem dirige, quem conduz para as vidas passadas, é o Mentor Espiritual de cada pessoa. E esse Ser de muito mais evolução do que nós poderá aproveitar a oportunidade e fazer a pessoa acessar informações importantíssimas para a sua evolução espiritual, para o seu aproveitamento dessa atual encarnação. Nós somos auxiliares no processo, como o gerente em uma loja, o dono está acima de nós, nos comandando, nos conduzindo, se nós permitirmos.

Todos nós temos frustrações, anseios, medos, tristezas. Até que ponto a Regressão traria os benefícios para sanar esses problemas ou pelo menos mostrar os caminhos para melhorarmos e encararmos os monstros com os quais convivemos?

Depende do merecimento de cada pessoa, se já pode receber esses benefícios, se o seu Mentor Espiritual entende que está na hora de ajudá-la nessa viagem de autoconhecimento, se já pode mostrar tudo o que precisa ver nesse momento, se aguenta ver o que fez em vidas passadas. Enfim, cada Regressão, se for dirigida pelo Mundo Espiritual, fica a critério desses Seres. Mas, em geral, só pelo fato de a pessoa estar buscando sua melhoria já tem o merecimento. As pessoas com fobias, pânico e depressões severas melhoram de 80 a 100% dos sintomas, porém os sintomas das características de personalidade, como autoritarismo, vaidade, inveja, desvios de caráter, ou então timidez, introversão, tendência de solidão, não costumam alcançar tão rapidamente e facilmente esse grau de eficiência, pois isso envolve algo muito difícil: o esforço próprio, domar a si mesmo, lutar contra suas inferioridades, elevar seu Espírito, ir se aproximando de sua Essência Divina. Todos nós estamos mais habituados a procurar auxílio externo, nos médicos, nos psicólogos, nos terapeutas alternativos, nos Centros Espíritas, nas cartomantes. Poucos costumam acionar seu Curador Interno e promover a mudança que podemos e devemos promover em nós, desde que queiramos isso verdadeiramente e que seja uma meta na encarnação. Grande parte das pessoas vive ligada no piloto automático, poucas assumem realmente o comando. O piloto automático é o nosso ego, um piloto recordista em pontos na Carteira. Quem sabe mesmo dirigir é o nosso Eu Superior, mas o piloto não passa o comando para ele.

Capítulo 3
QUAIS AS CONTRAINDICAÇÕES DA TERAPIA DE REGRESSÃO?

Terapia de Regressão possui contraindicações?

A Terapia de Regressão, por lidar com recordações antigas, geralmente situações traumáticas guardadas dentro do nosso Inconsciente, acarreta uma emoção nas pessoas, um afloramento de sentimentos represados, de acordo com o que está escondido e com a personalidade da pessoa. Por isso, pessoas cardíacas, pessoas hipertensas sem controle medicamentoso, pessoas que tiveram acidente vascular-cerebral (derrame ou isquemia), pessoas muito idosas, não devem fazer regressões, pelo receio de que, alcançando algum fato traumático em seu passado, isso possa ter uma repercussão em seu estado de saúde. Esse é um cuidado que todos os terapeutas de regressão sérios tomam com as pessoas que vêm a tratamento, mas, como em toda atividade humana, alguns profissionais ou semiprofissionais não atentam para isso, e uma situação negativa durante uma sessão de regressão pode denegrir todo um trabalho sério e profundo que vem sendo desenvolvido em todo o mundo.

Pessoas hipertensas podem fazer Regressão?

Se uma pessoa hipertensa está fazendo tratamento médico bem direitinho, tomando medicamentos para isso, e está com sua pressão sanguínea controlada, não tem problema de acessar fatos do passado que possam causar-lhe certo impacto. Mas se tem pressão alta, não faz tratamento, tem picos de pressão, é arriscado realizar essa terapia. Aproveitando, quem é hipertenso? Quem é hipertenso. Têm pessoas hipertensas que demonstram isso brigando, gritando, e têm outros que são hipertensos, mas não demonstram, parecem calmos e tranquilos. Um dia morrem de infarto, de derrame cerebral. A causa da hipertensão pode estar nesta vida, mas também pode estar em vidas passadas. Nesse caso, a Regressão pode melhorar e até curar. Se for desta vida, a pessoa tem de ver o que tem de mudar em si, em seu meio ambiente, em sua vida, em sua casa, em sua atividade profissional. Porém, se não der para mudar nada disso, a mudança terá de ser realizada dentro dela mesma, aprendendo a lidar com as contrariedades da vida de uma maneira mais calma, mais tranquila. Como? Rezando, frequentando locais espiritualizados, fazendo meditação, relaxamento, terapias espirituais, assistindo pouco à televisão, lendo jornal só de vez em quando, lendo livros e revistas espiritualistas, tirando um tempo para conviver com a natureza. Em resumo, coisas que todos, querendo, podem fazer. Se uma pessoa tem hipertensão por motivo médico, mau funcionamento dos rins ou do coração, por exemplo, deve pensar no que a doença está lhe dizendo, os rins refletem o medo, são órgãos de eliminação, não estão funcionando, o coração fala das questões afetivas, das tristezas, do desamor, da raiva. A doença é uma mensagem.

Pessoas com doença mental podem fazer Regressão?

Depende se elas são mesmo doentes mentais ou são assim consideradas. A doença mental existe, e nas pessoas que tentei fazer Regressão não obtive nenhum resultado proveitoso. Mas uma grande parcela das pessoas consideradas doentes mentais não o são e, sim, estão sintonizadas em encarnações passadas, vivendo-as ainda hoje, dentro do seu Inconsciente, e/ou estão sintonizadas no Umbral como se estivessem lá, e/ou estão acompanhadas por Espíritos de pouca consciência que a estão prejudicando. Nesses casos, sugerimos um esquema tríplice de tratamento:

1. Terapia da vida atual (terapia de apoio, carinho, afeto, atenção, busca de melhoria de características de sua personalidade, melhoria dos seus sentimentos, melhoria das suas relações afetivas familiares, endereçamento para estudo, trabalho, etc.).

2. Terapia de Vidas Passadas (acesso, entendimento e desligamento de situações de encarnações passadas e, muitas vezes, desligamento do Umbral onde ainda estão).

3. Tratamento desobsessivo em Centro Espírita.

Os medicamentos psicotrópicos que vêm utilizando são mantidos, mas, com a melhoria do seu quadro, a critério do seu psiquiatra, irão sendo reduzidos e até retirados por eles. Nunca devemos interferir nessa parte, a não ser que sejamos psiquiatras.

Algumas pessoas estão sintonizadas no Umbral, como consequência de quando lá estiveram em seu passado, e deve ser feito o desligamento (recordação de sua saída de lá, recordação da sua subida para o Mundo Espiritual, do tratamento que recebeu naquela ocasião no período intervidas, até ter ficado muito bem). Mas algumas vezes, durante uma sessão de regressão, a pessoa acessa o Umbral e não é uma regressão, ela está lá agora... Nesse caso, chamamos a sua saída de lá de "Libertação", ela está lá agora e pedimos aos Seres Espirituais que lhe ajudem a libertar-se, sair de lá, e aquela "parte de sua Alma" (como dizem os Xamãs) seja encaminhada para o Mundo Espiritual para ser tratada e depois ser reintegrada em si. Os resultados, seja uma recordação, seja uma libertação, costumam ser muito bons.

Pode ser feita Regressão na esposa com o marido presente ou vice-versa?

Não recomendamos. Por vários motivos: algumas vezes, o Inconsciente de um pode interferir no que está regredindo e atrapalhar a Regressão, principalmente se existe um trauma passado entre eles, que o Inconsciente sabe, do que está assistindo ou do que vai regredir, e a Regressão não ocorrer ou ser muito truncada. Algumas vezes, a pessoa que vai fazer a Regressão fica inibida pela presença do outro ali na sala, e também pode ocorrer do Mentor Espiritual da pessoa em Regressão querer mostrar algo, alguma situação, e é impossibilitado pela inconveniência da presença da outra pessoa na sala. Enfim, eu, particularmente, prefiro que esse processo seja individual e privativo.

Um terapeuta de regressão pode fazer Regressão em um familiar?

Depende. Se a relação entre eles é muito boa, de afeto, não há mágoa entre eles, nenhuma espécie de conflito, não há problema, pode ser feita. Mas se existe alguma coisa entre eles, uma espécie de competição, de irritação, de impaciência, isso pode sugerir que a relação entre eles é antiga e deve haver algo no passado, e, nesse caso, o melhor é encaminhar o familiar para um colega.

Capítulo 4
E DEPOIS DA REGRESSÃO?

Depois da Regressão, a pessoa lembra o que viu?

As pessoas geralmente recordam de quase tudo o que viram no seu passado, as situações que acessaram, as lições que obtiveram, os ensinamentos, os entendimentos, etc. Nós costumamos, após cada sessão, conversar um bom tempo com as pessoas, para que as lições apreendidas nessas viagens fiquem bem entendidas, ou seja, saber de onde vinha aquele medo, aquela sensação de solidão, de achar-se inferior aos outros, dores como a fibromialgia, por exemplo, a asma, entre outras, e, também, para entender a sua Personalidade Congênita e encontrar a sua proposta de Reforma Íntima, o que deve transformar em si. Algumas vezes, me pedem para gravar a Regressão, eu gravo e envio para a pessoa pela internet para ela ter esse registro tão importante para seu autoconhecimento e entendimento.

É importante lembrar o que se vê na Regressão ou é melhor não lembrar porque pode causar algum trauma?

Algumas vezes, a pessoa não lembra muito bem o que viu, mas aí era para não lembrar mesmo, por ser uma decisão do Mundo

Espiritual, para beneficiá-la com essa terapia sem oportunizar muitas lembranças. Aí, nós falamos do que ela acessou, porém sem entrar muito em detalhes, respeitando o comando superior. Como nós respeitamos a Lei do Esquecimento, o reconhecimento espontâneo de pessoas lá no passado é raríssimo e até desestimulado por nós nas conversas pós-Regressão. Após a sessão, com a pessoa ainda deitada ou já sentada, vamos, gradativamente, lembrando aquela vida... aquela outra... o que os seus Mentores quiseram lhe ensinar... o que pretenderam lhe possibilitando esse acesso... o que está entendendo... quais as lições que está tirando...

Quando é feita a Regressão, a pessoa obrigatoriamente volta para o estado em que estava antes da Regressão?

Após uma sessão de Regressão, a pessoa retorna ao seu estado consciencial normal, levanta-se, conversa um tempo com o terapeuta a respeito do que foi acessado, entende muitas coisas, o que viu na recordação, toma decisões de mudança, caem várias fichas. Ela volta para seu estado normal, mas com mais clareza de visão a seu respeito e de sua trajetória reencarnatória nesses últimos séculos. A conversa do terapeuta e a pessoa, após a Regressão, é de fundamental importância, pois ela ainda está com a sua frequência elevada, já que retornou do Mundo Espiritual (no nosso caso, que a recordação vai até o período intervidas) e os seus Mentores ainda estão ali. Nessas conversas, caem muitas fichas a respeito do que foi visto em relação a hoje, há o entendimento do porquê de certas ideias, pensamentos estranhos, medos infundados, pânico sem uma causa aparente, dores misteriosas sem cura, etc. Começa a entender a sua Personalidade Congênita, a relembrar como vem sendo há centenas ou milhares de anos e no que pode mudar, transformar em si hoje.

A Terapia de Regressão sempre fará nos sentirmos melhores e mais felizes ou poderá nos causar danos por lembrarmos fatos infelizes?

Depende. As sessões de Regressão servem para nos desconectar de situações traumáticas do passado, de onde vêm sintomas difíceis de entender, de tratar e de resolver. Se uma pessoa sente uma tristeza, uma melancolia, uma sensação de solidão, de abandono, sem uma causa evidente, a Regressão desligando-a dos fatos originários dessas sensações, pode trazer um grande alívio, o que faz com que sinta uma alegria e um bem-estar que talvez ainda não tenha sentido nesta vida, pois estava lá naquelas situações do seu passado, dentro do seu Inconsciente. Se sente medos, fobias, se tem crises de pânico e, evidentemente, não consegue ser muito feliz, desconectando-se das situações causais, vai sentir uma grande melhora no seu humor. Esses exemplos são de situações focais, que não envolvem uma necessidade de Reforma Íntima, e aí entra um aspecto da Terapia de Regressão que é muito focado pela Psicoterapia Reencarnacionista. Por ela ser uma psicoterapia, atentamos basicamente para a mudança de características da personalidade, baseados na Personalidade Congênita, e as regressões mostram como todos nós somos parecidos conosco mesmos há séculos! Isso significa que, nas últimas encarnações, nós éramos como somos hoje, o que significa que evoluímos muito pouco com o passar das encarnações. Uma pessoa que vem sendo triste há séculos, desligando-se de vidas passadas, pode sentir uma grande diferença em si e se dar conta de sua tendência crônica de sentir tristeza, encontrando, assim, a finalidade da sua encarnação, ou seja, aprender a lidar melhor com os infortúnios e as dificuldades da vida. Mas, se ela não aprender isso, irá continuar repetindo a sua antiga tendência, entristecendo-se, deprimindo-se, e poderá dizer que não sentiu grande mudança com a Regressão... É que não está conseguindo realizar o principal da encarnação: a Reforma Íntima.

Quais os principais problemas que esse tipo de Terapia pode causar?

Considerando que corremos riscos em quase todas as situações da vida e, mesmo assim, a vida continua, que os remédios alopáticos são perigosos e nem por isso deixamos de consumi-los, que morrem pessoas todos os dias vítimas de acidentes, uso de drogas, catástrofes naturais, o risco em uma Regressão é mínimo. Podem ocorrer problemas quando o profissional não possui a devida formação e não sabe o que está fazendo. Assim, cabe enfatizar que regressões a vidas passadas e mesmo a outros períodos desta vida devem ser conduzidas por profissionais com formação em cursos sérios e bem treinados. Os problemas que podem advir da Regressão podem ser de ordem física, de ordem psicológica e de ordem kármica. Os problemas físicos podem ser eliminados se fizermos a avaliação do estado de saúde da pessoa, se ela pode ou não se submeter a uma emoção, a uma catarse. Os psicológicos acorrem se a pessoa acessar fatos e situações que não deveria acessar, quando a Regressão é comandada pelo próprio terapeuta, sem permitir que o Mundo Espiritual conduza e dirija a recordação, pois a pessoa pode ter aumentada a sua mágoa, a sua solidão, o seu sentimento de rejeição, etc. E quando o terapeuta comete uma infração à Lei do Esquecimento, ao incentivar o reconhecimento de pessoas no passado, isso pode acarretar aumento da raiva, da mágoa, em relação àquela pessoa, e até inviabilizar uma proposta de resgate e harmonização entre dois Espíritos que vieram para perto com essa finalidade. Esse é um dos problemas que pode ocorrer nas regressões comandadas pelo próprio terapeuta se este infringir as Leis Divinas, é o risco kármico.

Todos são capazes de lembrar os detalhes dos relatos após cada sessão de Regressão?

Algumas pessoas recordam tudo o que vivenciaram, outras lembram partes, e algumas pessoas vão tanto para o passado que é como se realmente saíssem daqui e na volta não lembram quase nada. Para os terapeutas preocupados apenas com o desligamento de situações do passado, não importará muito se a pessoa lembra ou não. Os terapeutas que querem trabalhar psicologicamente o material recordado, após cada sessão, conversam sobre o que foi acessado e aproveitam essa ampliação do conhecimento de como foram em vidas passadas para poderem se comparar como são hoje, para isso as conversas pós-regressão são de fundamental importância.

Após as regressões necessárias, como a Terapia segue? Qual o próximo procedimento?

Se a queixa é focal, por exemplo, claustrofobia (medo de local fechado), agorafobia (medo de lugares amplos, abertos), fobia de água, transtorno do pânico, depressão severa, fibromialgia, asma, e a pessoa quer fazer algumas sessões de regressão apenas para isso, para encontrar e desligar-se das situações causais, e após isso, com a melhora que sente, está satisfeito, o tratamento está praticamente concluído. Se a pessoa quer, além de resolver esses problemas focais, realizar um tratamento para um melhor aproveitamento dessa sua atual encarnação, para ampliar a sua evolução espiritual, então o tratamento vai além das regressões, e o tratamento pode durar cerca de seis meses e irmos, depois, encaminhando a sua alta, algumas conversas de quinze em quinze dias para vermos se realmente entendeu, se está verdadeiramente promovendo a sua Reforma Íntima, o seu crescimento espiritual.

Imediatamente após a Regressão, o trauma já está resolvido ou precisa de algum tempo para se efetivar a mudança?

Algumas vezes, a pessoa sai de uma sessão de Regressão sem o sintoma que a incomodava, outras vezes leva alguns dias para começar a desaparecer, mas dia após dia vai sentindo uma melhora. Isso vai depender muito do método que o terapeuta de Regressão utiliza, se encerra a sessão durante ou logo após o trauma, se encerra no momento da morte na vida que acessou ou se encerra quando a pessoa recordou a sua subida e estadia no Plano Astral, após aquela vida e, mesmo lá, onde terminou a sessão, logo após a sua chegada no período intervidas ou depois de um tempo lá, quando já estava bem.

Às vezes, a pessoa só percebe a melhora quando se depara novamente com uma situação na qual sentia uma limitação, e aí, então, verifica que melhorou e que não sente mais o medo ou a ansiedade. Por exemplo, uma pessoa que tem medo de água, provavelmente só terá certeza de que perdeu o medo quando entrar na água. Geralmente, são necessárias três ou quatro sessões de regressão para encontrar várias vidas passadas nas quais a pessoa esteja ainda sintonizada, sentindo hoje o que sentiu lá. Depois da cura de uma fobia, fica o chamado "medo do medo", que é um medo de sentir o medo... A pessoa tinha medo de lugares fechados, encontrou em outras encarnações alguns lugares fechados onde ficou, recordou que saiu de lá, que ficou bem, está desligada delas. Sente-se muito melhor, um dia vai entrar num elevador, sente medo de ter o medo, mas entra, ainda com um medinho, vê que já não é tanto, lembra que seu medo vinha daquelas vidas que recordou e das quais se desligou. A cada vez que vai entrar em um elevador, o medo é menor, um dia entra e nem lembra mais do medo. O mesmo para lugares abertos, com muita gente, barulhos fortes, animais, etc.

Capítulo 5
Mitos a respeito da terapia de regressão

A maioria das pessoas, no fundo, ao fazerem uma Regressão, esperam se descobrir reis, rainhas ou grandes personalidades na vida passada. Porém, muitas se descobrem pessoas comuns, com histórias de vida comuns. As descobertas sobre as vidas passadas podem influenciar uma mudança, de certa forma, na maneira como a pessoa vive sua vida atual?

A imensa maioria das pessoas se descobrem pessoas comuns em suas vidas passadas. É como na vida, quantas pessoas ricas, nobres, "importantes" existem, em comparação com o número de pessoas "comuns"? Existe essa lenda de que todo mundo foi rei, rainha, nobre, é boato.

Por que todo mundo foi rei ou rainha na Regressão?

Quem disse que todo mundo se vê rei ou rainha na Regressão? Eu realizo palestras e dou entrevistas em rádios e na televisão há muitos anos e todas as vezes alguém fala sobre isso, com um sorrisinho maroto, ironizando, zombando, eu fico olhando para a pessoa, que está fazendo um papel ridículo e não vê, e lhe pergunto o que ela viu na sua regressão? Me responde que nunca fez. Pergunto há quantos anos estuda esse assunto? Nunca estudou. Há quantos anos trabalha profissionalmente com Terapia de Regressão? Não trabalha com ela. Não conhece nada de Terapia de Regressão, nunca trabalhou com ela, nunca se submeteu ao processo e me diz: "Por que todo mundo se vê rei ou rainha na Regressão?". Eu olho, dou um suspiro e penso: "Meu Deus, dai-me paciência", e falo que trabalho há cerca de quinze anos com Terapia de Regressão, cerca de 10 mil sessões, e que nesse tempo todo umas duas ou três pessoas afirmaram que eram rei ou rainha. E a pessoa fica me olhando com aquele sorrisinho... Não é fácil.

Acontecem fantasias de vez em quando, não é?

Algumas vezes, acontecem fantasias, mas isso ocorre raramente, porque na Regressão a pessoa encontra no seu passado situações similares às suas queixas ou personagens com personalidade similar a como ela é hoje. Alguém com uma fobia encontra a situação que deu origem ao trauma, se é de lugar fechado, recordará um lugar fechado, se é de altura, uma situação numa altura, se é de água, uma água, e assim por diante. A pessoa ainda sente hoje o que sentiu lá, e ao ser desligada melhora muito, às vezes imediatamente. O mesmo ocorre com o transtorno do pânico, com as depressões severas de difícil tratamento e com outros sofrimentos, físicos, psicológicos ou mentais. Como saber se uma Regressão é real e não imaginária? É só lembrar que, se existe apenas uma vida, ou seja, nós apenas trocamos de casca de uma encarnação para outra, o que encontrarmos nas vidas passadas dos últimos séculos será muito semelhante com o que somos hoje. Então, as pessoas se veem lá no passado muito parecidas como são hoje, e aí vemos que não é fantasia, pelo contrário, estão encontrando a si mesmas lá, em outras "cascas".

Existe o perigo de não conseguir voltar à consciência do presente, ficando preso ao acontecimento, bom ou ruim, da vida passada durante a Regressão?

Depende. Se uma pessoa faz uma Regressão sozinha, acessa uma situação traumática do seu passado e, pelo susto, volta para cá, ela reforça a sintonia com aquela situação e fica pior dos sintomas que apresentava ou, se não os tinha, começa a ter, pois estará conectada com o trauma. Se a Regressão terminar após o desencarne na vida acessada, a pessoa pode não ter subido ainda para o Plano Astral e ficar na crosta terrestre ou no Astral Intermediário, flutuando, e aí vai melhorar os sintomas dos quais se desligou na sessão, mas fica sintonizada com o período em que ainda estava na Terra em Espírito ou flutuando no ar. Por isso, é importante fazer o que a maioria dos terapeutas sérios de Regressão fazem: esvaziar o sentimento, a emoção, a sensação, daquele momento, até tudo ir passando, até a pessoa sentir-se muito bem, ou então, como é o nosso Método, a recordação ir desde o fato traumático acessado até o final, progredindo na recordação até a morte naquela vida, passando pelo desencarne, até chegar ao Plano Astral, e ainda não termina, continua até recordar estar sentindo-se muito bem lá, quando todas as ressonâncias da vida passada já desapareceram. Com esses cuidados, as pessoas desligam-se definitivamente das situações que acessaram.

Um amigo meu fez uma Regressão e ficou muito mal. O que pode ser isso?

Se alguém me telefona à noite ou no dia seguinte à Regressão e me informa não estar bem, providencio imediatamente uma nova sessão urgentemente, pois, provavelmente, ela está sintonizada em outra vida passada, sentindo o que sentia lá. Mas isso não é comum, pois nosso Método leva a recordação até o que chamamos Ponto Ótimo, no período intervidas. Mas, mesmo assim, a pessoa pode terminar a recordação bem, sair bem do consultório e estar acessando outra vida e começa a sentir aquela vida. Temos um cuidado muito grande em perceber como a pessoa está ao final da Regressão, e qualquer indício de que possa estar indo para outra vida (cansaço, dor de cabeça, choro, impaciência, dor em algum lugar do corpo, etc.), pedimos a ela para deitar novamente e fazer um relaxamento, para termos certeza de que é algo passageiro. Se ela começa a regredir, estava mesmo indo para outra vida, e então vamos até o final da recordação para desligá-la de lá. Isso minimiza muito os riscos de a pessoa ficar lá. Alguns terapeutas de Regressão não cuidam muito desse aspecto e interpretam o que a pessoa sente ao final da sessão como catarse, ou o cansaço pela intensidade do que acessou, o choro como uma "limpeza", e ela pode estar indo para outra vida, e sair mal da Regressão e ficar mal dali em diante.

Capítulo 6
CURIOSIDADES A RESPEITO DA TERAPIA DE REGRESSÃO

Pode ocorrer de o paciente regredido, quando está vivenciando uma situação traumática, passar para outra vida?

Sim, isso é relativamente frequente. Alguns terapeutas de regressão não ligam para isso e permitem essa migração de uma vida para outra, sem atentar para o fato de que a pessoa, ficando sintonizada lá onde estava, antes de começar a relatar uma situação de outra encarnação, traz para hoje os sentimentos e sensações daquele momento. Os terapeutas que desejam que a pessoa relate e desligue-se totalmente de cada vida acessada, interferem e procuram trazer a sua recordação de volta para a encarnação em que estava, falando sobre coisas da situação anterior, perguntando-lhe algum detalhe de lá, enfim, falando-lhe a respeito do que estava vivenciando antes. A pessoa, então, retoma o relato anterior, na vida em que estava, e vai até o fim da situação. Seria difícil de explicar aqui algumas táticas utilizadas, mas elas são todas ensinadas nos nossos Cursos de Formação.

A vida passada na qual o paciente regride poderia ser uma fantasia que acredita ser realidade?

Não se pode afirmar com absoluta convicção que a situação que uma pessoa encontra em uma Regressão seja de outra encarnação, uma fantasia sua, uma criação baseada numa frustração, mas para quem, como eu, que lido com isso há tanto tempo, acredito que na imensa maioria são situações de outras épocas, de outras vidas. Quem não lida com isso, apenas ouve falar, ou conhece o assunto pela leitura de livros ou *sites*, a dúvida quanto à veracidade é até aceitável, mas se submeterem-se (com seriedade) e vivenciarem por si, ou assistirem (com respeito) a uma regressão, vendo as pessoas relatando fatos, situações, com emoção, com enorme tristeza, com um medo intenso, enfim, realmente vivendo aquilo tudo, provavelmente mudariam de opinião. Mas não podemos negar que possam mesmo existir fantasias, imaginações, desejos não realizados, que se confundem com regressão a vidas passadas, mas, pela minha experiência, são numa porcentagem baixíssima. Uma vez, um músico razoável relatou uma vida passada em que era um concertista famoso, no século XVIII, dava recitais pelos maiores teatros da Europa, e uma noite, ao final de uma apresentação, saiu e na calçada estava uma limusine o esperando... Mas são casos esporádicos.

Como responder às críticas dos que dizem que o método regressivo é apenas mais uma sugestão hipnótica?

Sugestão hipnótica? Quer dizer, um profissional induzir uma pessoa a ver o que ele quer que ela veja? Sugerir cura da doença, do sintoma, da dor... Pode ser que funcione, nunca estudei o assunto nem o pratiquei, portanto, não posso opinar a respeito. Eu não utilizo sugestão nenhuma, apenas escuto histórias do passado e ajudo a pessoa a aproveitar essa oportunidade. Segundo Schopenhauer, uma nova verdade passa por três etapas: primeiro é ridicularizada, depois é ferozmente combatida, para depois ser aceita como uma verdade inquestionável. A Terapia de Regressão está entre a primeira e a segunda fase, ou seja, já está mais adiante do que antes, quando era ignorada, agora já está sendo criticada e combatida por alguns profissionais desconhecedores de sua proposta espiritual de cura física e de sentimentos e pensamentos negativos e prejudiciais, e em breve será aceita, ensinada nas Faculdades de Medicina e Psicologia e utilizada por esses profissionais. E quem serão os seus professores? Nós.

A Regressão afeta o nosso duplo etérico?

O duplo etérico é o "grude" entre nosso corpo físico e os corpos sutis, é um transmissor. No corpo emocional, como o nome indica, estão os sentimentos e as sensações, aí está a sede da dor. Daí as dores fantasmas de membros amputados, por exemplo, a parte física foi retirada, mas a parte energética continua. Aí também estão nossos sentimentos e é onde podem ser curados. Como? Através de medicamentos tão finos e tão sutis que os alcancem. Quais são esses medicamentos finos? Os medicamentos homeopáticos, as essências florais, as essências dos cristais. Também têm semelhante atuação os procedimentos curativos energéticos e espirituais que conseguem alcançar essa sutileza dos sentimentos, pois se afinizam com eles pela frequência vibratória, como o Reiki, os passes nos Centros Espíritas, a Cura Prânica, etc. No corpo mental estão os pensamentos, no corpo mental concreto, os pensamentos concretos, no corpo mental abstrato, os pensamentos abstratos. Os primeiros vêm e vão através do hemisfério esquerdo do cérebro, e os abstratos, através do hemisfério direito. O hemisfério direito é muitíssimo superior ao esquerdo. Por isso, uma das recomendações do Mundo Espiritual é que nós procuremos pensar menos, racionalizar menos, não querer comandar nossa vida, acalmar nossos pensamentos e até, se possível, aprender a pará-los, para que aí, então, nossos Mentores possam nos orientar e nos comandar. A Regressão, por nos mostrar vidas passadas, nos ajudando a melhorar nossa maneira de pensar, de sentir e de agir, auxilia na limpeza do corpo mental e do corpo emocional e, por decorrência, do duplo etérico, e daí essa melhora passa para nosso corpo físico.

Como o paciente deve se preparar antes de fazer uma Regressão?

Não focalizamos muito esse aspecto. Particularmente, não solicito dieta especial, abstinência de qualquer tipo, cor de roupa, essas coisas. A pessoa vem como quiser, pode comer o que quiser. Evidentemente, não é recomendado ir num rodízio e comer um churrasco com massa, maionese e muita cerveja antes de uma sessão de regressão... Aí pode deitar e dormir. O que a pessoa deve fazer desde uns dias antes é ir se comunicando com seus Mentores Espirituais, pedindo a eles que a ajudem a acessar situações do seu passado, que lhe sirvam para entender certas coisas, a origem de transtornos, vir calma para a regressão, confiando no Mundo Espiritual, fazer xixi, desligar seu celular e deitar para a sessão. Algumas vezes, a pessoa já começa a regredir uns dias antes, sentindo uma "piora" dos seus sintomas, me relata que na noite anterior dormiu mal, acordou meio estranha e que não está se sentindo bem... Ela já está lá na vida que irá acessar, os seus Mentores já vêm trazendo-a à tona para ser exonerada na sessão.

A Regressão só pode ser feita por quem acredita em Reencarnação?

Não. A Regressão pode ser feita por quem quiser, quem tiver doenças e sintomas de difícil entendimento e tratamento, quem quiser ampliar seu autoconhecimento, e também quem quiser saber para o que reencarnou, qual a sua proposta de Reforma Íntima, mas tudo isso a critério do seu Mentor Espiritual. Uma boa maneira de saber que Reencarnação existe é fazer algumas sessões de Regressão e se enxergar em vidas passadas. Regredir independe de crença ou religião, pois é um procedimento terapêutico. O argumento de que Reencarnação não existe porque não é citada na Bíblia não é argumento, é constatação, pois a Bíblia, sendo o livro oficial das Igrejas não reencarnacionistas, evidentemente não fala da Reencarnação, por uma questão doutrinária. Embora em alguns momentos a Bíblia sugira que Reencarnação existe, em alguns textos que escaparam à limpeza promovida nos séculos subsequentes para extrair ideias e conceitos contrários a essa Lei, que referenda a Justiça Divina, que é a Lei do Retorno, da Necessidade e do Merecimento, e que só pode ocorrer com as vidas sucessivas.

As religiões orientais reencarnacionistas falam sobre a Terapia de Vidas Passadas?

O sensacionalismo provocado com a utilização da Terapia de Regressão aqui no Ocidente, pela conscientização da existência de vidas passadas, não ocorre no Oriente, pois nisso não há nenhuma novidade para eles. Há uma enorme diversidade de religiões orientais, praticamente todas reencarnacionistas, que encaram a vida sob um enfoque completamente diferente de nós ocidentais, e não constam na literatura opiniões a respeito da Terapia de Regressão. Essa técnica terapêutica sempre esteve ligada ao percurso da humanidade e se fez presente em quase todas as culturas avançadas da Antiguidade: na Pérsia, na Índia, na China, no Tibet, entre os Xamãs, os Maias, os Druidas, os Celtas, os Vikings, também entre os feiticeiros africanos e em todas as culturas e religiões da Ásia Menor. Há milênios, a teoria da Reencarnação é parte integrante das maiores religiões, culturas e tradições espirituais do mundo, como o Hinduísmo, o Budismo, o Cristianismo primitivo, a Cabala, a Alquimia, o Espiritismo, os Cátaros, o Druidismo, a Umbanda, a Gnose, o Hermetismo, a Ioga, etc.

A partir de 553 d.C., quando no Concílio de Constantinopla, convocado pelo Imperador Justiniano, contrariando ordem do papa Virgílio (depois mantido preso por oito anos por se opor à realização desse conclave), a Igreja Católica decretou-se não reencarnacionista, com alguns homens lá decidindo que Reencarnação não existe, começou essa dicotomia aqui no Ocidente, de uns acreditarem na Reencarnação, outros não. Lá no Oriente, onde a Igreja Católica e suas vertentes não alcançaram força, se alguém duvidar da Reencarnação, acham isso estranho. Com a globalização, a tendência é diminuírem as diferenças culturais entre nós.

A Regressão poderia ser uma alucinação?

Poderia, mas não vejo assim, e eu participo de umas duas ou três sessões diariamente, há uns quinze anos. Mas quem é que pode garantir que não são alucinações? Eu acho que não são, o que eu sei é que a pessoa acessa vidas que parecem ser vidas passadas suas, revive situações pesadas, traumáticas, doídas, lembra daquela suposta vida passada até relatar sua morte e ir embora, chega num lugar, descreve-o, muito parecido com o que dizem os livros espíritas, fica bem, termina a sessão, sente-se melhor, mais leve e, logo em seguida ou com o passar dos dias, os sintomas das fobias, o pânico, a tristeza, as dores, vai tudo melhorando, melhorando e podem até desaparecer. Será que é alucinação? Se for, para mim, tudo bem, no meio da palavra alucinação tem "luz" e, ao final, tem "ação".

Apenas recordar que uma fobia vem de uma vida passada faz com que ela cure?

Não é apenas recordar a sua origem. Muitas vezes, durante nosso sono, realizamos regressões espontâneas e acessamos vidas passadas e traumas daquela ocasião, e acordamos sobressaltados, acreditando que tivemos um pesadelo. E foi uma regressão. Mas isso não nos desliga de lá e não esvazia o conteúdo emocional que ficou retido naquela ocasião. É necessário acessar a situação, até o seu final, até tudo ter ficado muito bem, ter passado, promovendo assim o desligamento da situação. Isso é o que pode curar uma fobia, o pânico, uma depressão severa, etc. Muitas vezes, durante a sessão ou ao seu final, a pessoa comenta que já havia sonhado com aquilo, então é uma confirmação que apenas acessar não resolve, tem de haver o desligamento de lá.

Qual o momento certo de fazer uma Regressão?

Geralmente, é quando a pessoa já consultou com muitos profissionais e não encontrou solução para uma fobia, o transtorno do pânico, uma depressão severa, controlados por intervenção medicamentosa, e já está acreditando que precisa aprender a conviver com seus sintomas, ou já foi internado por sua doença, desobsessões não resolveram, ou melhora e piora, melhora e piora... Num tratamento com a Terapia de Regressão, pode encontrar dentro do seu Inconsciente as situações de vidas passadas de onde vêm os sintomas e melhorar rapidamente. Mas se a pessoa não sofre desses transtornos, porém quer saber como vêm sendo suas vidas passadas, no sentido de as estar aproveitando ou não para evoluir espiritualmente, para crescer como Espírito, no momento em que quiser isso pode ser feito pelos terapeutas de regressão que trabalham assim.

Quais os florais mais indicados para pessoas que sentem dificuldade em relaxar e acessar memórias de outras encarnações?

Vários. Nos Florais de Bach temos o White Chestnut (para acalmar os pensamentos), o Impatiens (para acalmar o impaciente), o Vine (se a pessoa está mais acostumada a mandar do que obedecer, para entregar-se ao processo regressivo), o Cherry Plum (para o medo de perder o controle), o Mimulus (para o medo de ver o que tem em suas vidas passadas) e outros. Nos Florais da Califórnia, tem o

Thyme (ajuda a pessoa a acessar vidas passadas), o Black-Eyed Susan (ajuda a aflorar o material inconsciente), o Dandelion (relaxante muscular), e outros. Em todos os Sistemas de Florais existem essências para auxiliar na Regressão, mas, como toda Terapia Floral, cada receita é individualizada, trata-se a pessoa e não a dificuldade ou o sintoma.

E se, durante a Regressão, o que o paciente ver ou sentir não tiver nenhuma relação com a sua vida atual?

Aí, provavelmente, é uma fantasia ou uma interferência de Espíritos obsessores. Nós temos apenas uma vida, de vez em quando temos de trocar de corpo físico, quando este morre, e necessitamos de um corpo novo. Mas é tudo uma sequência, uma continuação, então o que as pessoas acessam em encarnações passadas são histórias suas quando estavam em um outro corpo, em uma outra época. Uma regra geral é perceber-se a manutenção de características de personalidade, tendência de sentimentos, hábitos, maneira de viver, de relacionar-se, de agir, de reagir aos fatos da vida, enfim, é como se pensássemos em como éramos nos anos anteriores a este que estamos vivendo, estamos completamente diferentes ou somos a continuação de nós mesmos, ano após ano? Assim é encarnação após encarnação, somos nós, trocando de corpo. Por isso, as pessoas encontram fatos, situações, circunstâncias diferentes em cada vida acessada, mas a sua maneira de ser, o seu padrão comportamental é praticamente o mesmo, quer venha rico ou pobre, branco ou negro. Por exemplo: uma pessoa que hoje é muito autoritária, egocêntrica, vaidosa, pode ver-se em uma vida que era rico, em outra que era pobre, uma em que era uma pessoa que se salientava na sociedade, outra em que era alguém desprezado pelos demais, e em cada vida aconteceram coisas, fatos, situações, mas, lá no fundo, era sempre ele, autoritário, egocêntrico, vaidoso, evidentemente ou disfarçadamente. Uma pessoa com uma tendência de magoar-se, sentir-se rejeitado, ficar triste, era assim na vida que era bonito, na vida que era feio, na vida que era branco, na vida que era negro, esse é seu padrão. E isso é observado em todas as pesssoas, e aí encontramos o que André Luiz chama de "Personalidade Congênita" e onde se evidencia a nossa proposta de Reforma Íntima.

Todas as pessoas têm a capacidade de regredir?

Algumas pessoas têm dificuldade de se entregar, são as pessoas muito mentais, comandadas pelo seu intelecto, ou as autoritárias, acostumadas a mandar e não a obedecer. Outras pessoas estão tão obsediadas que não conseguem receber esse benefício. Outras não têm o merecimento espiritual de poder se curar de algo que as incomoda, ainda têm de sofrer mais para entender que devem promover uma profunda mudança em si, em suas atitudes perante a vida, perante seus familiares e perante a sociedade. No entanto, algumas vezes é o terapeuta quem não percebe que a pessoa está regredida, são os casos das pessoas que, durante sessão, dizem que não estão vendo nada, não estão fazendo nada. O terapeuta iniciante ou com pouca experiência acredita, depois de um tempo em que não sai disso, que a pessoa não regrediu. Mas ela pode estar sintonizada no caixão onde seu corpo foi colocado após morrer em uma vida passada, o Espírito foi junto e ficou lá... Só depois de muito tempo conseguiu ser retirada pelos irmãos Espirituais, e ela manteve uma sintonia com essa situação traumática, a ponto de hoje em dia ter fobia de lugares fechados, medo de escuro, medo de morrer. Na Regressão ela acessa o caixão e o terapeuta acha que ela não regrediu, mas regrediu sim, ela está lá no caixão, no escuro, sem ver nada, sem estar fazendo nada. Uma dica útil para os terapeutas de Regressão: atentem para as queixas das pesssoas na primeira consulta, aí poderão imaginar onde estão. Por exemplo, uma pessoa que fala que é aérea, distraída, tem a impressão de que não sai do lugar e uma sensação de que não tem ninguém para ajudá-la, pode estar sintonizada no Astral intermediário, onde ficou flutuando após desencarnar em alguma vida passada e ainda está lá... Alguém que diz que se sente amarrado, que parece que não pode fazer as coisas, algo o bloqueia, pode encontrar na Regressão uma situação na qual estava preso, amarrado, em uma cadeia, em um sótão e ainda está lá... Medo do escuro? Está num lugar escuro. Medo de multidões? Está em algum lugar no meio de uma multidão (invasão, enforcamento, terremoto). O terapeuta de Regressão que atentar para isso diminuirá seu índice de pessoas que "não regridem".

Como o terapeuta sabe se as respostas dadas pelo paciente não são frutos da sua imaginação?

Quando é uma imaginação, uma fantasia, o relato não se acompanha de emoção, de sentimentos tão intensos como se observa nas regressões. Na minha prática, raras vezes aconteceram imaginações, foram situações nas quais percebi que aquilo não era uma descrição de uma situação do passado, mas, sim, algo que estava sendo criado pela pessoa naquele momento. Mesmo nas pessoas mais racionais, com dificuldade de externar emoções e sentimentos, os relatos do passado vêm acompanhados de um matiz que não deixa dúvida quanto à sua veracidade. Mas, principalmente, podemos perceber que um relato é verdadeiramente uma recordação do passado ou não, quando aquilo combina com a personalidade da pessoa, com a sua maneira atual de ser, com suas queixas e sintomas. Enfim, quando tem a ver com ela. O Dr. Júlio Prieto Peres, aqui no Brasil, realiza um trabalho científico muito importante a esse respeito, provando que a área cerebral ativada durante uma regressão é a área da memória e não a área da imaginação. Aliás, várias universidades no mundo estão estudando a Regressão de Memória, a memória extracerebral.

Qual a principal diferença entre a Regressão de Memória e a Terapia de Vidas Passadas?

A Regressão de Memória é apenas relembrar fatos passados, seja desta vida ou de encarnações passadas. A Terapia de Vidas Passadas é, como o nome indica, uma psicoterapia que utiliza a lembrança das situações acessadas para nos auxiliar a percebermos um padrão repetitivo comportamental, vida após vida, e que ainda mantemos hoje, e também a nos desligarmos de situações traumáticas do nosso passado, responsáveis por sintomas enquadrados em transtornos chamados de Fobias e Pânico, entre outras. Então, uma coisa é recordar fatos e momentos guardados dentro do nosso Inconsciente, outra coisa é trabalhar esse material psicoterapicamente.

Por que a maioria dos relatos sobre Regressão citam apenas encarnações passadas e não o Plano Espiritual?

No meu livro *20 Casos de Regressão* encontram-se descrições do Plano Astral, relatos das chegadas das pessoas desencarnadas lá, descrições dos Hospitais, das Escolas, dos Grupos de Estudo, dos encontros com parentes desencarnados, com Mentores Espirituais, dos projetos pré-reencarnatórios, das descidas, dos períodos intrauterinos, dos nascimentos. É que na nossa Escola realizamos o que chamamos de "Regressão Completa", que vai desde o fato traumático acessado até a pessoa estar sentindo-se muito bem no período intervidas. Os terapeutas que utilizam a Regressão a vidas passadas apenas até o final da situação traumática ou até a morte na vida que acessou, nesse caso, os relatos são apenas de vidas passadas e não do Plano Espiritual. Os terapeutas, como é o nosso caso, que incentivam as pessoas a recordarem a vida passada que acessaram, até a recordação de sua morte lá e a sua subida para o Mundo Espiritual (período intervidas), e a sua estadia lá, oportunizam às pessoas a lembrança da nossa Casa verdadeira e as lições e os aprendizados que temos quando estamos lá.

Alguns espiritualistas, como Osho, não consideraram positivo o acesso a vidas passadas. Seu argumento era: se a Natureza assim o quisesse, não existiria o véu de Maya, que nos protege de conteúdos dolorosos do passado. Além disso, Osho argumentou que a busca por respostas no passado só serve para nos tirar ainda mais do momento presente, onde está a consciência, a existência real, onde é possível a iluminação. Qual a sua opinião a respeito?

Depende da maneira como é feito esse procedimento. Abrir o passado para mostrar a uma pessoa por que a mãe não gosta dela, para outra por que ela odeia o pai, para outra por que sente uma aversão por um irmão, é uma gravíssima infração às Leis Divinas, dentre elas a Lei do Esquecimento. Porém, no caso dos terapeutas que não comandam o processo, deixando a direção desse sensível procedimento a cargo do Mundo Espiritual, isso é permitido, por não infringir as Leis. Terapia de Regressão não é para buscar respostas no passado de assuntos afetivos, de relacionamentos, é para buscar a cura das fobias, do pânico, da depressão e para encontrar o nosso padrão comportamental. Na verdade, o maior benefício da Regressão é ajudar a pessoa a ficar mais na encarnação atual, pois a maioria de nós está vivendo várias encarnações passadas concomitantemente a esta. E, desligando-se de lá, fica-se mais no aqui e agora, onde estamos no momento.

A sensação de *déjà vu* é considerada Regressão?

Algumas vezes, pode ser uma Regressão rápida, na qual a pessoa, ao ver algo, aciona uma memória do seu passado transpessoal e tem a sensação de que já viu aquilo ou já esteve ali. Outras vezes, a situação é parecida com uma situação do seu passado, e o reconhecimento é apenas aparente. Às vezes, uma pessoa recebe dois estímulos visuais com uma diferença mínima entre eles e isso provoca a sensação de *déjà vu*. De qualquer maneira, é algo a ser estudado, o que não se deve fazer é deixar as coisas que não se conhece ao léu, deixar por isso mesmo. Devemos entrar no invisível em busca da compreensão de muitos mistérios, seja no Mundo Espiritual ou no Inconsciente, para encontrarmos, além de uma explicação, uma possível solução para coisas ininteligíveis que alguns doentes mentais (ou assim considerados) pensam, falam, ouvem e veem.

As pessoas podem ter sido animais em outras vidas?

Existem duas teorias acerca da origem do ser humano: a Criacionista e a Evolucionista. A primeira diz que Deus nos fez já como seres humanos, a partir de Adão e Eva. A segunda afirma que viemos evoluindo desde o mineral, passando pelo vegetal, o animal, até chegar ao estágio atual, o hominal, rumo ao angelical ou retornando para ele. Lembro de umas duas vezes em que me deu a impressão da pessoa estar acessando uma vida de animal, mas isso num universo de cerca de 10 mil sessões, não pode ser considerada uma evidência ou prova disso. Penso que a Regressão, sendo dirigida pelos Mentores Espirituais da pessoa, por que mostrariam vidas tão antigas, quando era animal? É mais racional que mostrem encarnações mais recentes, de uns 2 ou 3 mil anos para cá, como é o habitual.

Por que não lembramos das nossas vidas passadas?

O esquecimento das vidas passadas, em vez de ser um obstáculo que impede o aproveitamento de experiências das vidas anteriores, é uma benção que nos protege de constrangimentos que lembranças poderiam nos causar. Se lembrássemos de tudo, das coisas boas e das ruins, imagina o que seria a nossa vida, considerando que aqui nesta encarnação já tem muita coisa que gostaríamos de apagar da nossa memória... Essas lembranças poderiam, em alguns casos, causar culpa, em outros, exaltar o orgulho, etc., e assim acabar entravando o livre-arbítrio. Além disso, poderiam causar perturbações nas relações sociais, uma vez que normalmente nos reencontramos com as mesmas pessoas a fim de reparar o mal que fizemos. Se reconhecêssemos nelas o mal que nos fizeram, talvez o ódio aumentasse. Em outros casos, poderíamos ficar constrangidos diante dos que prejudicamos e assim perder a oportunidade de resgate.

O esquecimento é, também, uma questão física, pois a memória do passado está nos nossos corpos sutis, principalmente no corpo astral e no corpo mental, mas a nossa Consciência está no corpo físico durante o estado de vigília e, quando saímos do corpo durante o sono, na volta, não lembramos aonde fomos. Podemos alcançar essas memórias expandindo a nossa Consciência através da Regressão, da Ioga, da Meditação, etc. Porém, a permissão para acessar vidas passadas deve vir do Mundo Espiritual, dos Mentores Espirituais de cada pessoa, e nunca do próprio terapeuta.

O que é o Mentor ou Guia Espiritual do paciente?

Pode ser chamado também de Anjo da Guarda, Orientador, Amparador. É um Espírito mais elevado que nós e que vela pelo nosso desenvolvimento. É alguém que nos ama e que usa todos os meios que lhe são permitidos para nos ajudar a enfrentar as provas a que nos propusemos vivenciar aqui. Esse Ser nos conhece há muitos séculos ou milênios, sabe para o que reencarnamos, o que viemos aqui fazer, quais as nossas propostas pré-reencarnatórias, e estará nos esperando quando desencarnarmos. Ele nos levará para o Astral e com ele faremos uma revisão da nossa trajetória. E, com bastante frequência, é no seu ombro que choraremos arrependidos pelo que fizemos e, principalmente, pelo que não fizemos.

Como ficam os cinco sentidos durante a Regressão? Suponhamos que o paciente tenha se jogado de um edifício numa vida passada, ele sentirá aquela dor?

Depende do grau de entrega da pessoa durante o processo regressivo e da personalidade de cada um. Pessoas mais emotivas costumam sentir dores e sensações da situação do passado que está revivendo como angústia, medo ou raiva. Pessoas mais controladas, mais intelectualizadas, mais frias, revivem a situação com muito menos emoção, muitas vezes até falando na terceira pessoa, como: "Ele está numa guerra...", "Ela vai ser estuprada...". Lembro de uma pessoa do sexo masculino, bloqueado em suas emoções, que recordou seu guilhotinamento em uma vida passada, contando o fato como se estivesse narrando a morte de outra pessoa. Ele dizia: "Estão me colocando na guilhotina... Agora vão cortar a minha cabeça... Vejo minha cabeça rolando para longe de mim... Morri...", mas tudo isso como se fosse um lorde inglês, frio, impessoal, sem emoção nenhuma. Pensando agora, quem sabe era mesmo um nobre que foi guilhotinado? Já em pessoas superemotivas, geralmente, é o contrário: a Regressão é vivida como se ela estivesse mesmo lá, naquele momento, sentindo as dores, gritando de medo, de raiva, querendo levantar, fugir dali, brigando com pessoas, suando...

O que acontece se uma pessoa abandonar o tratamento da Regressão?

Ela perdeu uma grande oportunidade de se desligar de fatos traumáticos do passado, de se conhecer melhor e até, se tiver o merecimento, de saber para o que reencarnou, se está realmente aproveitando esta passagem ou se está ligada no piloto automático. Mas a pessoa deve fazer, também, uma consulta espiritual para ver se não tem alguns seres ali do seu lado lhe dizendo que isso é bobagem, que não vai adiantar nada...

O acesso a acontecimentos do passado pode ser um processo espontâneo?

Existem pessoas que acessam situações do passado espontaneamente, seja no estado de vigília, seja durante o sono ou ainda em meditações ou expansões de consciência. Quando isso ocorre com a pessoa acordada, pode parecer se tratar de imaginação ou fantasia, pois vem uma imagem à mente, uma sensação de estar em algum outro lugar. Geralmente, tal imagem vem acompanhada de medo, angústia, tristeza súbita e inexplicável. Na verdade, é isso que ocorre quando alguém apresenta os sintomas do pânico, pois acessa uma situação de extremo medo que vem subitamente do seu passado, algo que está oculto no Inconsciente, mas que, por algum motivo, aflora de repente. Os sintomas das fobias também são regressões espontâneas que as pessoas fazem, retornando ao passado em ocasiões similares ao fato traumático do seu passado. Quando o Inconsciente reconhece, no momento presente, uma situação similar a um fato extremamente traumático do passado, a pessoa começa a sentir o que sentiu anteriormente, na verdade ela passa a estar mais lá naquela situação do passado do que no momento atual. Exemplificando: quando alguém sofre de claustrofobia (medo de lugares fechados), vai entrar num elevador, fica em pânico! Ela não está mais apenas no elevador, ela está naquele buraco fechado, está naquela mina que desabou, está naquele caixão onde foi colocado seu corpo morto numa vida passada e o seu Espírito ficou junto ao corpo. Uma pessoa que sofra de agorafobia (medo de lugares amplos e abertos, de multidões), quando começa a sentir pânico, não está mais apenas ali, está lá naquela situação em que vai ser enforcada, queimada ou guilhotinada em uma vida passada, em público ou então está lá naquela guerra. Muitos "pesadelos" são regressões a vidas passadas que ocorrem durante o sono.

O passado pode ser alterado durante uma regressão ou apenas observado?

O passado nunca pode ser alterado. O que as sessões de Regressão podem oportunizar para as pessoas é desligá-las dos traumas do passado para pararem de conviver com sentimentos, sensações, bloqueios, transtornos, vindos de lá. No entanto, o passado continua ativo, funcionando, obedecendo às Leis Divinas do Retorno e do Merecimento. A pessoa é que, desligada de uma situação, não a sente mais. A maior parte de nós está vivendo várias vidas concomitantemente, ou seja, esta vida atual no consciente e várias situações passadas dentro do Inconsciente. São essas situações que a Regressão alcança, se assim o Mentor Espiritual da pessoa permitir. Isso é uma explicação didática, pois acredito que, na verdade, estamos vivendo todo o nosso "presente" e o nosso "passado" agora e a todo o momento, pois o tempo não existe, então, estamos aqui e em toda a nossa história, mas os piores momentos do nosso "passado" são os que mais nos afetam, em nível inconsciente. Existem pessoas que dizem que estamos vivendo também o nosso "futuro", e, se isso for verdade, não estamos numa vida "atual", estamos em uma vida "passada". Mas deixa isso pra lá, por enquanto.

É possível induzir uma pessoa a algo que não faz parte da sua história através da Regressão?

Os terapeutas de regressão que lidam seriamente com essa Terapia não fazem isso. Uma vez ouvi uma história. Contaram-me que uma pessoa regredida estava recordando uma situação de outra vida em que estava em uma peça escura, com muito medo, sozinha (os mesmos sintomas pelos quais ela fora consultar com o profissional: medo de ficar sozinha, medo do escuro), e não conseguia sair de lá, chorava e pedia ajuda. A terapeuta de regressão, compadecida dela, pediu-lhe que imaginasse um interruptor de luz, fosse até ele e acendesse a luz! Mas o que é isso? Regressão virou ficção? A pessoa imaginou o interruptor, acendeu a luz e ficou bem. Provavelmente, depois que terminou a sessão, ela saiu muito feliz do consultório, agradecida à terapeuta que, na verdade, não fez nada de útil, pois a deixou sintonizada naquela peça escura, com medo, sentindo-se sozinha. Não é possível alterar o passado. O que se pode fazer é desligar-se de lá e esvaziar o conteúdo emocional retido. Certamente, após um breve momento de alívio, a pessoa voltou a sentir medo, angústia e solidão, pois continua naquela peça. Regressão não é compaixão. Mesmo que, às vezes, eu sinta compaixão por uma pessoa durante o processo, não pego sua mão como ela está pedindo, não "a tiro de lá" como ela está querendo, pois não posso alterar o passado, o que podemos fazer, às vezes, é dar uma acelerada na recordação para que ela lembre mais rapidamente que e como saiu de lá. Mas também, algumas vezes em que fiz isso, ou seja, interferi no trabalho do Mentor Espiritual, após sair, morrer, subir para o Plano Astral, sua recordação voltou para onde estava antes de eu resolver, por pena, acelerar o processo. Percebi que realmente devemos permanecer o mais neutros possível, confiar no Mundo Espiritual e deixá-lo comandar tudo.

A Regressão pode nos ajudar a descobrir quais caminhos devemos seguir em nossas vidas quando nos sentimos perdidos e cheios de dúvidas sobre nós mesmos e sobre nossa missão aqui neste mundo?

A Regressão como é realizada pelos psicoterapeutas que lidam com a Reencarnação e estão interessados, além de promover o desligamento de fatos do passado, em ajudar as pesssoas a se conhecerem melhor (fazer das sessões de regressão uma grande viagem de autoconhecimento), pode mostrar para elas qual o caminho correto que devem seguir, podem lembrar os erros que cometeram em vidas passadas e perceber que ainda trazem em seu íntimo a tendência de cometê-los novamente. As regressões também podem mostrar no que devem mudar em si atualmente, qual a transformação que vieram fazer nessa atual encarnação, qual a Reforma Íntima que necessitam. Os depressivos do passado costumam cair hoje em depressão, os medrosos se fecham em seu medo aparentemente irracional, os calados e introvertidos buscam refúgio em seu interior, os autoritários querem continuar comandando, os magoados continuam com pena de si, os suicidas pensam nisso sempre que a vida lhes apresenta um teste (para ver se são fortes ou fracos), os alcoolistas e drogados costumam repetir esse feito novamente. Esses padrões são o atestado de um nível ainda inferior espiritual, um envolvimento consigo mesmo, seja de vaidade, seja de autocomiseração, seja em seus pensamentos, seja naquilo que é importante para si, positivamente ou negativamente. O Caminho para a cura do Egoísmo (O Ego no comando) é mostrado nas vidas de Gandhi, de Chico Xavier, de Tereza de Calcutá, de Yogananda, de Anandamurti, de Amma, e de tantas outras pessoas que passaram a vida se dedicando para os outros, cuidando dos outros em vez de ficarem cuidando apenas do seu próprio umbigo. Elas estão mostrando o Caminho: o desapego, o altruísmo, a caridade, a honestidade, a sinceridade, a simplicidade, a humildade. A Missão única de todos nós é aprendermos a sair do nosso egocentrismo. O número de vezes que uma pessoa fala ou pensa "eu" mostra onde está a sua energia: no seu umbigo ou no seu coração. Se está no umbigo, é sofrimento, se está no coração, é felicidade.

Existem terapeutas que fazem Regressão pela internet. O que o senhor acha disso?

Eu acho um risco enorme e desnecessário que a pessoa submetida pode ter com essa atitude. E se a pessoa para no meio da sessão? E se alguém bate na porta do seu quarto ou toca a campainha? E se a pessoa está recordando que vai ser enforcada ou guilhotinada ou estuprada e, pelo medo, para e não quer mais continuar? E fica lá sintonizada? O terapeuta vai entrar na internet e chegar lá na sua casa em alguns segundos para tranquilizá-la e continuar a sessão até o seu fim, para terminar em um ponto bom do passado? Se alguém reside em uma cidade onde não existe um bom terapeuta de regressão, pode pedir para um Grupo de Regressão a Distância, como temos, gratuitamente, para alguém fazer por ela o desligamento, surte o mesmo efeito, e sem riscos.

Onde ficam armazenados no Espírito, quando desencarnado, e no corpo, quando encarnado, os registros das vivências do Espírito?

Os registros das encarnações anteriores e dos períodos intervidas ficam armazenados no corpo astral de uma maneira emocional e no corpo mental de uma maneira mental. Também ficam registrados no corpo causal e nos mais acima, mas esses não conseguimos acessar comumente. Para dar uma ideia, o corpo causal é a sede do Eu Superior. Quem consegue chegar lá? E nos corpos ainda mais elevados? Durante o processo regressivo, em todas as técnicas vigentes, as pessoas acessam o corpo astral e o corpo mental, e aí já é suficiente.

Onde é a sede da inteligência?

É no que se pode chamar de Espírito ou nossa Estrutura Energética. Uma evidência disso é a projeção de consciência, quando saímos do corpo físico e continuamos pensando e sentindo, e atestamos, então, que a sede dos pensamentos e dos sentimentos não está no corpo, e sim mais acima, energeticamente falando. Outra evidência é quando, durante as regressões, as pessoas relatam a sua morte na vida em que estão, saem do corpo morto, e continuam pensando e sentindo, sofrendo, com medo, com raiva, com dores, sensações, etc. Durante o sono do nosso corpo físico, geralmente saímos dele e vamos para o Mundo Espiritual, para a frequência em que estamos sintonizados. A sede da inteligência está acima do nosso cérebro, e projeta-se nele. O cérebro é um intermediário.

Qual a diferença entre cérebro e mente?

O cérebro é o nosso computador, a mente é o que o comanda. O cérebro é um órgão físico encarregado de captar as sensações do corpo e do mundo externo e enviar para o Espírito (pensamentos, sentimentos e Eu Superior). E também cabe a ele captar as instruções do Espírito e mandar para o corpo e o mundo externo, por ser um intermediário. Mas ele não é a sede dos sentimentos e dos pensamentos, por isso que as terapias medicamentosas endereçadas aos neurotransmissores são, como toda a Medicina orgânica, caridosas e paliativas, nunca curativas. Acima do corpo físico, vibracionalmente falando, está o duplo etérico, o corpo emocional e o corpo mental. Mais acima, o corpo causal, sede do nosso Eu Superior, e outros corpos mais sutis ainda, que nos sintonizam com o Alto. O cérebro está aqui embaixo, captando o que é daqui e enviando para cima e captando de lá e trazendo para a Terra. Porém, o seu comando está acima dele, e de lá é que vêm as doenças psiquiátricas de qualquer natureza, o que o doente pensa, o que o doente sente. E é aí, na mente, que podemos encontrar a cura milagrosa de transtornos considerados crônicos e incuráveis. A Psiquiatria moderna trata o cérebro, a Psiquiatria do futuro tratará a mente, com métodos e procedimentos energéticos, de frequência compatível com a sutileza daquele corpo.

O que é memória emocional?

É a memória registrada no corpo emocional, de maneira emocional. No corpo mental, ela fica registrada de maneira mental. As pessoas em Regressão, por meio da expansão da consciência, podem acessar suas memórias de uma maneira emocional ou de uma maneira mental. Daí ocorrem as diferenças durante as sessões. Quando alguns choram e se emocionam, sentem tristeza pelo seu passado, tais como a dor de uma separação, de uma perda afetiva, de um ferimento, estão vendo os registros no corpo emocional. Outros relatam tudo de uma maneira fria, racional, absolutamente mental.

Capítulo 7
REGRESSÃO E ESPIRITISMO

A Terapia de Regressão está vinculada à Religião Espírita?

A Terapia de Regressão, como o nome indica, é uma Terapia e não tem relação direta com nenhuma religião, seja ela reencarnacionista ou não. Como as regressões comumente alcançam vidas passadas, ocorre uma identificação com o Espiritismo, por ser a religião mais lembrada quando se fala em Reencarnação. Também a Psicoterapia Reencarnacionista, que utiliza a Regressão como uma importante ferramenta, não é uma Psicoterapia Espírita, embora oriente e incentive as pessoas a fazerem a Reforma Íntima como também é abordado no Espiritismo. Uma Religião, seja qual for, é um Código Moral, de como devemos ser, o que devemos ou não fazer, e a maioria de nós é melhor na teoria do que na prática, principalmente quando envolve ganhos financeiros, produção e venda de produtos prejudiciais às pessoas, posturas e atitudes na vida privada, mas aqui onde estamos, no Plano Astral inferior, é o local onde viemos encontrar as nossas imperfeições, e então as coisas seguem a evolução individual de cada um e da humanidade como um todo. A Terapia de Regressão é a maior contribuição moderna para a expansão da Psicologia e para a Psiquiatria, que em breve perceberão isso.

Eu sou um Espírito que tem um corpo físico ou o contrário?

A visão obscura que muitas pessoas têm sobre esta questão é um dos grandes entraves ao real aproveitamento de sua passagem pela Terra, pois acreditam que são apenas o seu eu encarnado, ou seja, o seu corpo físico, quando, na verdade, este serve apenas de veículo para a sua real identidade, o Espírito. Somos uma Consciência que anima um Ser e que constrói um corpo físico para se tornar visível e assim possibilitar a passagem por aqui, uma Escola para o nosso aprendizado e evolução. É como quando vamos ao fundo do mar e usamos um escafandro para poder respirar, mas não somos o escafandro, só estamos dentro dele. O corpo físico é construído para que nosso Espírito possa passar um período aqui e é elaborado de acordo com a gravidade, a pressão atmosférica e a temperatura deste planeta. O grande equívoco do Espírito encarnado é esquecer que é um Espírito e acreditar ser apenas o corpo. Quando desencarnamos, ficamos por aqui ou permanecemos no Plano Astral por algum tempo, que pode ser mais ou menos longo, dependendo da necessidade de cada um, até que nossa Consciência volte a animar um novo corpo físico. Nesse processo existe uma finalidade e, se nos mantivermos atentos a ela, se pelo menos pensarmos no assunto, estudarmos a respeito, teremos mais chances de sucesso nesta passagem. Senão, estaremos sujeitos a nos perdermos nas teias das ilusões e nas armadilhas da vida terrena. A finalidade da Reencarnação é continuarmos o caminho evolutivo interrompido no derradeiro desencarne, é a busca de evolução e de purificação, a expansão da nossa capacidade de amar e o aperfeiçoamento moral.

Qual a relação entre a Psicoterapia Reencarnacionista e o Espiritismo?

O Espiritismo tem por objetivo trazer uma mensagem de consciência espiritual e de evolução no mundo em que vivemos. É uma Religião e tem os seus preceitos bem definidos nas obras básicas de Allan Kardec. Recomendo a leitura dos livros desse grande Espírito, bem como os de André Luiz, psicografados por Chico Xavier. O Espiritismo tem a missão do esclarecimento através de palestras e cursos e a assistência caridosa aos irmãos necessitados por meio dos passes, das desobsessões e dos trabalhos assistenciais. É uma Religião avançada para o nosso tempo, isso já há cerca de um século e meio. A Psicoterapia Reencarnacionista é uma nova Escola psicoterapêutica que visa ajudar as pessoas a encontrarem a sua Personalidade Congênita nas "Sessões de Telão" (Regressão), além, é claro, dos desligamentos promovidos, e saberem, então, qual a sua proposta de Reforma Íntima. O Espiritismo trouxe a noção da Reforma Íntima, a Psicoterapia Reencarnacionista traz a Psicoterapia para isso.

Quando uma pessoa faz uma Terapia de Regressão, se esta tiver obsessores que estiverem procurando por ela, no momento que é feita a Regressão e acionada essa memória, existe a possibilidade de esses obsessores a encontrarem?

Os obsessores não precisam de uma Regressão para encontrar alguém que os prejudicou no passado, que lhes tenha feito mal, roubou seu dinheiro, estuprou sua mulher, matou seus filhos. É pela nossa frequência vibratória que eles nos encontram, pelos nossos pensamentos e os nossos hábitos. E por que esse preconceito contra os obsessores? Quantas vezes eles são até melhores do que o obsediado? Não devemos temer os chamados obsessores, eles são seres como nós, com os quais temos comprometimentos ou afinidade vibratória. Uma boa melhor maneira de se afastar dos obsessores é elevarmos a nossa frequência vibratória, cuidando dos nossos pensamentos, sentimentos, atitudes, palavras, alimentação, enfim, procurarmos ser o mais limpos possível, por fora e por dentro. Isso nos aproxima dos bons Espíritos, e esses Irmãos, vendo o nosso esforço, passam a nos ajudar ainda mais.

Pode haver manifestação de um Espírito que está ligado à pessoa durante a Regressão Terapêutica? Deve-se tratar esse Espírito durante a Regressão?

Quando, durante um processo de Regressão, se manifesta um Espírito de pouca consciência, se o terapeuta tiver experiência, pode conversar com ele, pedir ajuda espiritual para, se possível, encaminhá-lo ao Plano Astral. Se não tiver experiência no assunto, pode comunicar o ocorrido à pessoa, orientando-a a procurar um Centro Espírita ou um local espiritual de sua preferência para tratar disso. Mas, no meu caso, é bastante raro acontecer essa manifestação durante uma Regressão, não penso muito em Espíritos, cuido mais de mim.

A Regressão pode ser feita num Centro Espírita?

Os trabalhadores de Casas Espíritas não estão preparados para realizar este tipo de trabalho, estando mais focados na evangelização, na orientação espiritual e na desobsessão. Esta Terapia deve ser realizada em consultório por profissionais treinados para isso. Porém, cada vez mais, médiuns de Centros Espíritas têm vindo realizar Cursos de Formação em Terapia de Regressão, sem a pretensão de se tornarem profissionais de consultório e, sim, utilizarem essa Psicoterapia em seu Centro. Em alguns Centros, os médiuns acessam vidas passadas para promover o desligamento de lá, sem a pessoa participar disso, é, digamos, uma regressão indireta.

Por que existe uma resistência de pessoas espíritas em relação à Terapia de Regressão?

As objeções feitas por pessoas espíritas têm razão de ser, têm fundamento, porque alguns terapeutas de Regressão não respeitam a Lei do Esquecimento. A Lei do Esquecimento diz que não devemos conhecer nosso passado por curiosidade, para saber quem fomos, quem nós e outra pessoa fomos, apenas por interesse ou curiosidade a respeito de relacionamentos familiares e amorosos. Mas isso não se aplica quando esse procedimento terapêutico é avalizado pelos Mentores Espirituais das pessoas, quando é o Mundo Espiritual que comanda as sessões, não o terapeuta, nem a pessoa. Ocorre uma infração à Lei do Esquecimento quando o terapeuta ajuda a pessoa a acessar informações que deveriam permanecer ocultas, recordar conflitos entre ela e outra pessoa, e, pior ainda, quando incentiva o reconhecimento de pessoas no seu passado, perguntando quem é aquele que o está abandonando, prendendo, enforcando, estuprando, etc. Eu cometi essa infração no início do meu trabalho, mas um dia recebi orientação do Mundo Espiritual de que a Regressão deve ser comandada e dirigida pelos Mentores de cada pessoa, e é completamente vedado o incentivo ao reconhecimento. Um exemplo de como não se deve fazer: uma moça que estava noiva e ia casar em breve tinha fobia de água e foi fazer um tratamento de Regressão com uma terapeuta que incentivava o reconhecimento. Ela se viu sendo afogada em um barco por um homem, e a terapeuta perguntou-lhe se reconhecia atualmente aquele homem. Era o noivo dela. Pois bem, ela curou-se da fobia de água, mas terminou o noivado com ele, ou seja, Deus uniu e a terapeuta desuniu. O que essa terapeuta fez? Atrapalhou os planos de reconciliação entre dois Espíritos, interferiu no karma deles e agravou o seu.

Nas obras básicas do Espiritismo existe referência à Regressão?

Sim. Allan Kardec fez o seguinte comentário sobre o esquecimento do passado: "O Espírito perde momentaneamente a lembrança de suas vidas passadas... elas podem lhe ser reveladas em certas circunstâncias, mas é apenas pela vontade de Espíritos Superiores, com um fim útil e jamais para satisfazer uma vã curiosidade". Por isso o correto é que as sessões de Regressão sejam dirigidas pelo Mundo Espiritual e não pelo terapeuta, pois nossos irmãos superiores é que sabem o que uma pessoa pode ver, o que está na hora de ver, o que merece acessar, o que deve permanecer oculto.

É possível conciliar Terapia de Regressão e a Lei do Esquecimento, desde que o terapeuta coloque-se no seu lugar de auxiliar do Mundo Espiritual no processo regressivo.

Segundo o Espiritismo, não é um contrassenso regredirmos e entrarmos em contato com experiências que estão do outro lado do véu do esquecimento para o nosso próprio benefício?

A Doutrina Espírita ensina que o esquecimento do passado é necessário para que o Espírito em sua atual existência não seja sobrecarregado com as lembranças e emoções de outras vidas. O Espírito encarnado perde a lembrança de suas vidas passadas, porém, alguns fatos podem ser revelados em determinadas circunstâncias, mas é apenas pela vontade de Espíritos Superiores e com uma finalidade útil. Todas as memórias de experiências traumáticas e de sofrimentos vividos no passado estão presentes em nós e nos influenciam de alguma maneira, mas de forma inconsciente. Imagine como seria a nossa vida se lembrássemos claramente de todos os episódios? Não convém forçar para que determinados acontecimentos voltem para os registros da memória consciente. Ninguém deve forçar uma lembrança. Existem algumas que são bloqueadas para nos proteger de perturbações maiores. É importante saber que algumas informações podem ser liberadas, enquanto outras não devem voltar ao consciente da personalidade, pelo menos enquanto a pessoa não estiver pronta para conhecê-las conscientemente.

Como colocar a Terapia de Regressão dentro do Espiritismo?

Se ela for realizada pelo Mentor Espiritual da pessoa, ou seja, respeitando a Lei do Esquecimento, então está dentro do Espiritismo. Se for realizada pelo próprio terapeuta, que decidirá aquilo que quer que a pessoa acesse, saiba, entenda, ou, ainda, atendendo ao desejo do paciente, e pior, incentivando o reconhecimento de pessoas, está fora, e ambos, o terapeuta e a pessoa, enquadraram-se na infração às Leis.

O Espiritismo diz que existe uma tendência de repetição de fatos traumáticos encarnação após encarnação. É verdade?

Existe esta intrigante tendência de repetição de situações similares, encarnação após encarnação. Por exemplo, alguém morre afogado em algumas vidas passadas e na vida atual passa por uma situação na qual quase se afoga... Uma pessoa se vê sendo estuprada em algumas encarnações passadas e nesta ela foi ou quase foi uma ou mais vezes... Isso também se observa em assaltos, acidentes e outras situações difíceis. Por que isso? Existem mistérios no Universo e em nossa vida, cujo entendimento não está ao nosso alcance, mas o que eu penso a respeito é que, quem passa por situações repetitivas encarnação após encarnação, é porque está sintonizado nessa faixa. É como um rádio no qual nós estamos sintonizados em uma emissora. Por que estamos sintonizados nisso? Por que essa tendência de repetição? Alguns pesquisadores acreditam que é em função do que fizemos e por isso estamos recebendo o retorno. Pode ser. O certo é que existe essa tendência de repetição, inclusive quando se trata de suicídio. Não me lembro de ter participado de regressões de pessoas que pensam ou tentaram o suicídio nesta vida que não tenham cometido suicídio em vidas passadas. Por falar em suicídio, quem pensa nisso deve fazer uma consulta e um tratamento em algum Centro Espírita para ver se não tem um pessoal invisível ao seu lado lhe soprando no ouvido essa ideia... E também pensar se vale a pena trocar uma situação ruim (aqui na Terra) por uma horrível (lá no Umbral). Aqui está visível, pode ir ao médico, ao cinema, tomar um sorvete, sentar numa praça, e lá? Invisível, naquele lugar horroroso, de cheiro ruim, pessoas obscuras rindo dele, maltratando-o, vale a pena? Para depois vir alguém da Luz, levá-lo para o Mundo Espiritual, chegar lá em cima envergonhado, arrependido, em péssimas condições, levar um tempo para se recuperar, depois preparar-se para reencarnar, voltar para cá para passar por tudo de novo, ou pior.

Gostaria de saber por que existe essa história de karma e que temos que pagar na atual vida por erros das vidas passadas?

Não existe injustiça. Ao contrário, tudo o que vivemos é fruto da Justiça Divina. Se estivermos conscientes de que cada um colhe o que planta, a noção que temos de Justiça vai mudando, ninguém pode querer colher flores se plantou espinhos. Algumas vezes, vemos pessoas adoráveis, queridas e lindas passando por problemas terríveis, e achamos uma aparente injustiça. Mas isso pode ser um teste ou, então, o retorno de atos cometidos há muito tempo que estão aí de volta pedindo passagem para sua liberação. E não é pagar, é o retorno. Estamos imersos, e fazemos parte de um Todo limpo e imaculado, que não aceita sujeiras e poluições (nossos pensamentos, sentimentos, atos e palavras) e nos devolve tudo isso, como se nos dissesse "Pegue de volta, isso é seu, não é Meu!". O retorno, quando vem nessa vida mesmo, sentimos que é o que fizemos e entendemos que, no fundo, somos merecedores, mas quando vem em outra encarnação, aí somos vítimas... Aliás, todo mundo é vítima, onde estão os vilões?

Em todas as vidas que vivermos sempre estaremos pagando por alguma coisa?

Não é assim, não é para pagar, é para aprendermos, crescermos e evoluirmos. A nossa cultura religiosa católica-judaica criou essa noção de pecado, de pagar, mas no Mundo Espiritual isso não é visto assim, e sim como responsabilidade pelos nossos atos. O retorno de equívocos cometidos por nós no passado é para aprendermos o que fazer e o que não fazer, sentindo na própria pele. Por isso, Gandhi recomendava aos seus soldados, na luta pela libertação da Índia, que era melhor morrer do que matar.

Se levarmos uma vida seguindo a Lei do justo, pagaremos por alguma coisa em uma próxima vida?

Com raríssimas exceções, todos nós, Espíritos encarnados, temos comprometimentos e justamente por isso estamos aqui, para resgatarmos esses comprometimentos. Geralmente, estamos há muitas e muitas encarnações nos comprometendo e, assim, é difícil resgatar tudo o que cometemos contra a Lei do Karma, que na verdade é contra nós mesmos, em uma única encarnação, mesmo que tal encarnação seja realizada com cuidado, com atenção, quanto ao controle da manifestação dos nossos instintos. O que devemos, encarnação após encarnação, é procurar fazer as coisas certas, pensar direito, sentir direito, falar palavras boas, ter atitudes coerentes com o nosso Espírito, perceber as armadilhas da vida terrena, entender os gatilhos, não nos vitimizarmos, não sentirmos raiva, não cairmos na depressão, na inveja, no ciúme, no materialismo, enfim, procurar viver aqui na Terra de uma maneira espiritualizada. Podemos viver aqui de uma maneira parecida como quando estamos no Mundo Espiritual.

Qual o objetivo da Reencarnação?

Somos todos comprometidos com a Lei de Causa e Efeito e estamos todos trilhando o caminho de volta para a Luz. Reencarnamos para nos redimirmos de dívidas do passado e somos nós mesmos os juízes a examinar o nosso desempenho em cada encarnação, a verificar as nossas falhas e a preparar o novo desafio na nova encarnação. Somente os Espíritos muito comprometidos e sem condições de tomar decisões ou iniciativas para a sua própria evolução têm o que se chama de encarnação compulsória. O objetivo é o autoaperfeiçoamento, pois pelo mecanismo da Reencarnação a individualidade vai aprendendo a vencer as limitações da matéria e a dominá-la, até que a personalidade não constitua mais um empecilho para a manifestação do Espírito. Os comprometimentos que criamos enquanto estamos encarnados só podem ser resgatados aqui. Não quer dizer que não exista evolução também no Mundo Espiritual, mas o que fizemos aqui só pode ser resgatado aqui. O que enxergamos nesta vida é apenas um capítulo de uma história muito longa.

Vários psicólogos e psiquiatras que acreditam na Reencarnação trabalham com a Psicologia e a Psiquiatria oficial, não reencarnacionista. Por quê?

Na minha opinião, é porque a Reencarnação sempre foi vista como um assunto religioso e não um assunto psicoterápico. Atualmente, com a expansão da Terapia de Regressão, em que a maioria dos terapeutas que lidam com ela são reencarnacionistas, a Reencarnação começa a ser vista como um assunto que pode introduzir-se na área das terapias. Há pouco tempo, aqui no Ocidente, Reencarnação era quase sinônimo de Espiritismo, tanto que, ainda hoje, algumas pessoas nos perguntam se somos Espíritas, porque lidamos com a Terapia de Regressão e com a Psicoterapia Reencarnacionista. A Reencarnação faz parte da lei natural da vida e ela pode ser vista como um assunto religioso, como um assunto psicoterápico e também como um assunto social, por trazer embutidas em si as ilusões dos rótulos dos nossos corpos físicos atuais, como sermos de um certo país, de uma certa raça, de uma certa família, uma cor de pele, etc., quando isso são apenas circunstâncias da encarnação atual. Uma terapia que agregue a Reencarnação amplia enormemente a nossa responsabilidade com o aproveitamento dessa atual passagem, pelo entendimento diferente da infância e dos fatos da vida, a ação necessária dos gatilhos e das armadilhas, enfim, a Reencarnação traz, em si, o que todos se perguntam: Qual o sentido da vida? O sentido é para a frente e para cima.

Percebe-se na Terapia de Regressão a Lei de Causa e Efeito? Ela existe?

Se existe? Essa Lei é Deus, a Justiça Divina. Existe uma Perfeição que podemos chamar de Deus e que nós agredimos há milhares e milhares de anos com nossos atos, nossos pensamentos, nossos sentimentos, nossas palavras, e a Perfeição nos devolve esse lixo, devolve-o para o seu dono. Mas não é para castigar, é para que a pessoa que agrediu a Lei receba de volta o que fez para aprender na própria pele como dói agredir, ofender, roubar, matar, estuprar, abandonar. Só que, quando volta para si, na própria vida ou numa próxima, a pessoa se sente a vítima, coitadinho de mim, por que comigo? Por que esse pai agressivo, ausente? Por que essa mãe que não é carinhosa? Por que essa família? Por que essa doença? Às vezes nos sentimos vítimas e acabamos percebendo que, na realidade, somos os carrascos. Deus é a Justiça, e a Justiça Divina é a Lei do Retorno, a Lei da Causa e Efeito. Também as nossas boas ações retornam, mas disso não fazemos queixas.

Uma pessoa vê uma vida passada em que foi rica e outra em que foi pobre? Ou numa vida era branco e na outra veio negro?

Existe uma Lei que comanda tudo: a Lei Divina. Essa Lei faz com que as coisas transcorram como devem ser e tudo é para o nosso bem, mesmo quando viemos em uma infância difícil, em uma circunstância conflituosa, com pais ou numa família em que não existe harmonia, do ponto de vista emocional ou financeiro. Cada encarnação é uma oportunidade de aprendizado e de resgate de nossas ações contrárias à Lei Universal. É frequente escutarmos histórias de vidas passadas, e, após algumas sessões, podemos constatar que existe uma Lei comandando o transcorrer das histórias. Uma pessoa se vê em uma vida que era rica, orgulhosa, egoísta, tratava mal os empregados, não fazia nada além do que lhe dava prazer, e na outra encarnação nasce numa família pobre, passa fome, revolta-se, não aceita, magoa-se, sente raiva. Uma pessoa em uma vida era branco, racista, achava-se superior aos demais, em outra vida vem negro, e aí tem raiva dos brancos.

Como uma pessoa pode entender que o que não gosta na sua infância é ação da Lei de Causa e Efeito?

Não é difícil, é só perguntar-se por que, quando estava lá no Mundo Espiritual, anos antes de ser fecundado, o Universo entendeu que necessitaria de uma infância como essa da qual não gostou. Praticamente todas as pessoas que vêm ao meu consultório realizar um tratamento com a Psicoterapia Reencarnacionista acreditam na Reencarnação, a maioria é Espírita, mas chegam e começamos a conversar. O que escuto? Os relatos de suas personas atuais e todos são vítimas. Um foi vítima do pai, outro da mãe, um se queixa de sua infância pobre, outro de que não recebia carinho, outro que apanhava muito, e assim são as suas histórias. E todos são vítimas. Eu fico escutando e me perguntando interiormente "Por quê?", "Para quê?". Por que pediu (precisou) esse pai? Por que necessitou desse tipo de mãe? Por que havia tantas famílias, e veio nessa? Para que precisou passar por isso? A resposta está na Lei de Causa e Efeito. No Mundo Espiritual existe o Telão, e lá podemos ver o que ele nos mostra, sob o comando dos Seres Superiores. Aqui na Terra podemos também ver o Telão, mas deve, como lá, ser comandado pelos Mentores das pessoas, nenhum terapeuta de regressão tem capacidade hierárquica para tal.

Um amigo meu, que nasceu com um defeito congênito, me disse que deve ter vindo assim por ter feito muito mal em alguma vida passada. Isso é possível?

Eu não tenho bola de cristal, mas podemos conjecturar, buscar explicações, nem que seja teoricamente. Por que alguém viria com uma carga genética comprometida se não houvesse uma explicação para isso em seu passado? Não existe azar ou fatalidade, o que existe é a Lei de Causa e Efeito. Nós agimos mal em uma vida, recebemos o retorno mais adiante. Não é para pagar, para sofrer, é para aprender, para crescer. Todos nós que acreditamos na Reencarnação devemos colocá-la em nossa vida diária, principalmente procurando entender nossa infância sob essa ótica. O início desta vida é a continuação da anterior, a anterior é a continuação da mais anterior, tudo é uma continuação.

Nós estamos preparando nossa próxima infância?

Sim, estamos preparando nosso futuro nessa vida e a nossa próxima infância. Mas isso não é baseado em que tipo de infância nós iremos querer quando estivermos no Mundo Espiritual, e sim que tipo de infância nós iremos necessitar. Se fosse baseado no querer, ninguém nasceria numa situação de miséria, ninguém nasceria filho de um pai agressivo, de uma mãe ausente ou não carinhosa, todos escolheriam famílias boas, harmoniosas, classe média alta ou rica, pais maravilhosos, irmãos muito bons e atenciosos, mas geralmente não é assim. Neste momento, está nascendo uma criança em uma família rica e uma criança em uma família pobre, o que isso significa? São dois Espíritos, ambos estavam há um ano lá no Mundo Espiritual, um precisou vir rico e o outro precisou vir pobre. Por quê? Tudo tem uma explicação, tudo tem uma finalidade. Nós não sabemos por que, os nossos Mentores sabem, e podem nos revelar isso, nas regressões, se os deixarmos comandar o processo, se não interferirmos, se não atrapalharmos. O verdadeiro reencarnacionista não se queixa de sua infância, não se vitimiza, e se assim o faz, ainda é uma pessoa que quer acreditar na Reencarnação mas ainda não acredita nela. Apenas quem tem uma verdadeira fé em Deus entende que tudo está certo, principalmente o que não gostou na sua infância.

Mas os nossos atos também provocam efeitos negativos ou tudo é a Lei de Causa e Efeito?

A Lei de Causa e Efeito é a resposta atual para nossos atos equivocados de ontem, e os de hoje vão criando os próximos efeitos. Ou seja, tudo é feito por nós mesmos. Esse é o grande poder que temos, é o poder do livre-arbítrio, de fazer as coisas certas ou fazer as coisas erradas. No meu entendimento, Deus é neutro, ou seja, como se diz na gíria, não está nem aí para nós, tem todo o Universo para cuidar, aliás, é o próprio Universo, e nos deixa fazer o que quisermos, somos livres, totalmente independentes em nosso querer e em nosso agir. Aí é que reside o perigo. Não existe uma só pessoa que não saiba o que é certo e o que é errado, todos temos aquela vozinha dentro de nós que nos diz "Não faz isso", "Não está certo", "Vai dar problema", "Isso é egoísmo", mas a maioria de nós acredita mais nas suas desculpas do que nessa voz, e ela é Deus dentro de nós, nos dizendo, "Vai fazer? Então faz, mas depois não se queixa.". E nós fazemos. E as pessoas bebem, fumam, roubam, mentem, enganam, traem, fingem, e acham que ninguém está vendo. Ninguém? E os seus Mentores Espirituais? E os obsessores? O Universo inteiro assistindo e a pessoa achando que não faz mal, isso é normal, afinal de contas, ninguém é perfeito, todo mundo faz... E esse lixo afeta a Perfeição e ela não aceita e devolve para o dono, e aí as coisas não dão certo, vai indo bem e desaba, parecia que ia dar, não deu, quando estava quase, fica doente, ia ganhar um aumento, tem uma doença, a empresa estava indo bem, é assaltado, os negócios vão de vento em popa, um acidente de carro, por que, meu Deus, por que comigo? Por que eu? Não mereço! Não merece? Olha bem, analisa suas atitudes, o que faz, como faz as coisas, acredita em Jesus, vai à missa, ao Centro Espírita, ao Templo, reza, canta, comunga, é um cristão, é um filho de Deus! Ama seu próximo como a si mesmo? Não faz a outro o que não quer que façam a si? Trata os outros como quer ser tratado? O Universo olha, olha de novo, envia conselhos, dá sinais, cuidado, olha o abismo, a doença, o acidente, não adianta, só tem uma solução, precisa aprender pela dor: a Lei de Causa e Efeito.

Capítulo 8
REGRESSÃO E CIÊNCIA

A Terapia de Regressão faz parte de um viés científico?

Não podemos confundir Ciência com o atual grau de evolução da Ciência. Ciência é tudo o que é científico, tudo o que lida com o progresso e com a evolução, tudo o que pode ser comprovado como eficiente, como definitivo, como incontestável em sua atuação. No atual grau de evolução da Ciência, ou melhor, do meio científico, é considerado "científico" apenas o que pode ser comprovado e mensurado pelo que esse meio considera medida. Sendo assim, os pensamentos não são científicos, os sentimentos não são científicos, a Psicologia não é científica. O amor é científico? E a saudade? E a raiva? O carinho pode ser mensurado por alguma máquina ou técnica?

O que torna a Terapia de Regressão uma disciplina científica?

Por que essa preocupação de que ela deve ser científica? Eu não tenho essa atenção, para mim o que importa é que ela funciona, é comprovada no dia a dia do consultório, as pessoas melhoram muito ou curam os sintomas fóbicos, o pânico, uma depressão severa (quando é do passado), dores misteriosas e incuráveis, etc. Na verdade, a sua atuação não pode, ainda, ser mensurada e comprovada por nenhuma máquina ou meio científico oficial, devido ao enorme atraso da Ciência moderna promovido pela Inquisição em séculos passados, quando era proibido lidar com as coisas religiosas, espirituais e místicas que não atendessem aos interesses da Igreja Católica de então. Com isso, a Psiquiatria "moderna" rejeita e ironiza os métodos espirituais de cura, tornando-se "científica", restrita ao cérebro, acreditando que aí estão os pensamentos e que a atuação dos medicamentos químicos sobre os neurorreceptores pode resolver os problemas dos doentes mentais, sem perceber que continuam seguindo a orientação inquisitorial de não lidar com "essas coisas".

Existem pesquisas atuais publicadas sobre Regressão a vidas passadas?

Aqui no Brasil, quem vem trabalhando muito com isso é o Dr. Julio Prieto Peres, psicólogo e pesquisador. Ele fez um mapeamento de ondas cerebrais de pacientes em regressão para se saber quais as áreas do cérebro que estariam em atividade naquele momento. Assim, alguns pacientes foram submetidos a Métodos de Reconstrução Tomográfica de Imagens de SPECT (Single Photon Emission Computed Tomography). Estes estudos revelaram que as áreas do cérebro mais requisitadas durante a regressão de memória são as do lobo médio temporal e as do lobo pré-frontal esquerdo, que respondem pela memória e pela emoção. Ou seja, não é fruto da imaginação. "Se o paciente estivesse criando uma estória, o lobo frontal seria acionado e a carga emocional não seria tão intensa", conforme a explicação de Júlio Peres. O Dr. João Alberto Fiorini, delegado de Polícia, atuando no Departamento do Serviço de Inteligência do Paraná, especialista em impressão digital, em busca da comprovação científica da Reencarnação, vem trabalhando em suas pesquisas com os seguintes dados: impressão digital, exame grafotécnico, prosopográfico e marcas de nascença. Ele conseguiu comprovar poucos casos até agora, entretanto, as perspectivas futuras são animadoras, já que, com o seu trabalho sendo divulgado, mais pessoas poderão apresentar os seus casos para análise. No passado e no presente, médicos, psicólogos e cientistas estão pesquisando sobre Reencarnação, Corpos energéticos, Saídas do corpo (Projeciologia), Experiências de Quase-Morte, Bioeletrografia, etc.

A equipe do Dr. Ian Stevenson, diretor do Departamento de Psiquiatria e Neurologia da Escola de Medicina da Universidade de Virgínia, nos Estados Unidos, publicou em 1997, suas pesquisas sobre marcas de nascença em 2 volumes, contendo 2.500 páginas.

A equipe do professor H. N. Banerjee, na Universidade de Jaipur, Índia, com mais de 3 mil casos catalogados sobre Reencarnação.

O físico francês Dr. Patrick Drouot, com suas pesquisas sobre o fenômeno da Reencarnação à luz da Física moderna.

O Dr. William Croockes, sobre materializações de Espíritos.

O Dr. Robert Crookall, autoridade mundial em Experiências Fora do Corpo, afirmando a existência dos corpos espiritual e etérico.

O Dr. Carlis Osis e Dr. Ingo Swann, com seus experimentos em viagens astrais ou Experiências Fora do Corpo.

A equipe do médico Dr. Raymond Moody Jr., nos EUA, sobre EQM (Experiências de Quase Morte).

O Instituto Brasileiro de Pesquisas Psicobiofísicas de São Paulo, sobre o Modelo Organizador Biológico.

O neurologista brasileiro Dr. Núbor Facure, em pesquisas sobre a Neurofisiologia da Mediunidade.

O Dr. Sérgio Felipe de Oliveira, com pesquisas sobre a Pineal na USP (Universidade de São Paulo).

A Dra. Barbara Ann Brennan, cientista pesquisadora da NASA, Mestrado em Física Atmosférica, com seus estudos no campo da energia humana e no conhecimento dos nossos corpos sutis.

A TCI (Transcomunicação Instrumental), a comunicação de Espíritos através de aparelhos eletrônicos, em vários países da Europa, nos EUA e também no Brasil. A pioneira e Sonia Rinaldi.

A Dra. Martha Mendes em São Paulo, com suas pesquisas sobre Bioeletrografia.

A Universidade de São Paulo (USP), incluindo em seu currículo o curso de Medicina e Espiritismo – Integração Cérebro, Mente, Corpo e Espírito.

A Associação Médico-Espírita do Brasil e as diversas AME em vários estados, realizando Congressos, Seminários e Jornadas voltados para as questões da saúde sob a ótica Espírita enquanto Ciência, desenvolvendo pesquisas científicas muito importantes nessa área, como, por exemplo:

Interação Cérebro-Mente: Dr. Nubor Facure, médico neurologista de São Paulo, fundador e diretor do Instituto do Cérebro da Unicamp/SP.

As Bases Neurológicas das Atividades Espirituais: Dr. Nubor Facure.

O Universo dos Fenômenos Paranormais e Mediúnicos: Dr. Valter da Rosa Borges, procurador da justiça aposentado, estudioso e pesquisador da Parapsicologia, Filosofia, Ciência e Religião.

A Física Moderna e o Espiritismo: Dr. Ney Prieto Peres, psicólogo pesquisador das áreas cerebrais ativadas durante a Regressão de Memória.

Evolução do Sistema Nervoso e Funções Neuropsíquicas: Dra. Irvênia Luiza de Santis Prada, professora, doutora e mestre da Faculdade de Medicina Veterinária e Zootecnia da Universidade de São Paulo.

Ação do Espírito sobre o Sistema Imunológico: Dr. Sérgio Felipe de Oliveira, médico psiquiatra, doutor em Ciências pela Universidade de São Paulo, diretor clínico do Pineal-Mind Instituto de Saúde.

As Funções Verticais do Cérebro: Dr. Sérgio Felipe de Oliveira.

Tratamento Bio-Psíquico-Espiritual: Dr. Jaider Rodrigues de Paulo, médico pós-graduado em Psiquiatria, diretor médico do Hospital Espírita André Luiz.

Psicografia à Luz da Grafoscopia: Dr. Carlos Augusto Perandréa, Perito Judicial especializado em grafoscopia.

Física Moderna e o Novo Paradigma: Dr. Valdyr Rodrigues, bacharel em Física pela Universidade de São Paulo, colaborador de Mário Schenberg (um dos maiores físicos teóricos brasileiros), pós-graduação na Scuola di Perfezionamento em Fisica Nucleare, Ph.D. em Física Nuclear, professor associado do Instituto de Física da Universidade Estadual de Campinas (Unicamp/SP).

Limites entre Processo Obsessivo e Doenças Mentais: Dr. Jorge Andréa, médico psiquiatra, dedica-se ao estudo científico da Paranormalidade e a Psiquiatria.

Corpo Espiritual e sua Natureza: Dra. Alcione Rebelo Novelino, médica homeopata de São Paulo.

Neurofisiologia – Estados Alterados de Consciência: Dr. Fernando Luiz de Azevedo Rabelo, médico psicoterapeuta do Hospital Miguel Couto/RJ.

Epífise: Glândula da Vida Mental: Dra. Marlene Rossi Severino Nobre, médica ginecologista, especialização na área de Psiquiatria da Infância e da Juventude.

Ectoplasma: aspectos teóricos e práticos: Prof. Dr. Matthieu Tubino, graduação em Licenciatura e bacharelado em Química pela Universidade de São Paulo, mestrado e doutorado em Química pela

Universidade Estadual de Campinas, pós-doutorado pelo Institut de Chimie Minérale et Analytique da Université de Lausanne, Suíça, professor titular do Instituto de Química da Universidade Estadual de Campinas.

Quais os princípios científicos da Terapia e Regressão?

No meu caso, que participei de cerca de 10 mil sessões de Regressão, os princípios científicos dessa Medicina são as constatações diárias das rememorações de encarnações passadas de 95% das pessoas submetidas a ela, a recordação de suas mortes, suas saídas do corpo físico morto, suas subidas ao Mundo Espiritual (seja o Astral superior ou o Umbral) e seus retornos à Terra. Algumas centenas dessas recordações foram gravadas e estão armazenadas em meu computador.

Para estudar a Regressão cientificamente, é preciso criar uma ciência espiritualista?

Esse é o futuro. Em geral, existe uma confusão entre Ciência e o atual grau de evolução da Ciência. A Ciência é tudo, é o que pode estar ciente, o que podemos acessar através dos nossos sentidos físicos, os cinco sentidos mais atuantes e os superiores a eles. Ciência não é medir, pesar, comprovar, examinar, ponderar, comparar, isso é Ciência pós-Inquisição. Ciência é observar, refletir, meditar, suspirar, deitar numa grama, permitir-se voar, olhar as flores e sua pacífica beleza, escutar o som do ar, sentir os elementos da Natureza em volta, banhar-se numa cachoeira, sentir a presença da Mãe das Águas, deitar no chão, sentir o poder desse elemento, aproximar-se do fogo, sentir a sua energia curadora, purificadora. Enfim, Ciência é estarmos cientes da nossa natureza espiritual, da nossa comunhão com todos e com todo o Planeta, com todo o Universo, nos sentirmos Um, irmanados, filhos da mesma Força Criadora, sermos essa Força. A Ciência da Nova Era é a Ciência do "Invisível". Quando os cientistas forem movidos pelo hemisfério direito do cérebro e não mais pelo esquerdo, eles perceberão que o "visível" é apenas o "invisível" manifestado. Esse dia está chegando.

Como fica a atividade cerebral durante a Regressão?

Pesquisas mostram que a atividade cerebral manifesta-se em quatro etapas. Na vida diária, o cérebro emite ondas beta, com frequência entre 12 e 40 ciclos por segundo. As ondas alfa são as ondas do relaxamento profundo e da meditação, com frequência entre 7 a 12 ciclos por segundo. Depois vem o ritmo teta, com emissão de 4 a 7 ciclos por segundo, é o último nível antes da inconsciência. Finalmente, vem o ritmo delta, com emissão de 1 a 4 ciclos por segundo, é o estado de sono profundo. O cérebro, durante a vigência das ondas alfa, acessa as memórias afloradas durante a Regressão, sejam desta ou de outras vidas. As memórias vêm dos corpos sutis, o cérebro as capta e a pessoa vê, ouve, sente e nos conta a história. O Dr. Alberto Lopes, hipnoterapeuta e terapeuta de regressão de Portugal, vem estudando pacientes em regressão com aparelhos tipo PET Scan (Positron Emition Tomography Scanner), que possibilitam, a partir de injeção de glicose ativada, identificar as áreas cerebrais ativas em diferentes situações experimentadas em pacientes. O seu foco é no Sistema Límbico Hipotalâmico e as suas relações com o estado alterado de consciência do transe hipnótico ou de uma Terapia de Regressão. Em conceituadas Instituições norte-americanas como a Universidade de Stantford e Harvard e os Hospital Geral de Massachusetts e Memorial Hospital de Nova York, há alguns anos vêm sendo realizadas pesquisas com o Pet Scan direcionadas ao estudo do transe hipnótico como estado alterado de consciência. Neurologistas, radiologistas, psiquiatras e outros profissionais tentam desvendar os mistérios da hipnose clínica. Verificou-se que há uma alteração notável em determinados setores lógicos do cérebro, os quais foram registrados e mapeados. O objetivo dessas pesquisas é descobrir o que ocorre neurologicamente com uma pessoa durante uma sessão de Regressão. Em um desses trabalhos, colocaram-se eletrodos em um paciente, e conseguiu-se identificar as mudanças nas frequências cerebrais em cada fase da Regressão. A conclusão é que durante o período de relaxamento há uma predominância de ondas alfa na região occipital do cérebro, perto da nuca, mas durante a Regressão predominam as ondas delta na região do lobo frontal, que caracterizam o estado alterado de consciência e que foi detectada em monges tibetanos quando em meditação. Ou seja, quando uma pessoa é induzida à regressão, experimenta um estado modificado de consciência que é neurologicamente diferente do estado de vigília, porém preserva a consciência. É isso que explica como, ao mesmo tempo em que se tem acesso aos conteúdos do seu Inconsciente, tem condições de se conscientizar e trabalhar terapeuticamente com esses conteúdos.

A Física Quântica pode explicar a Regressão?

O que a Física Quântica explica é o que os sábios, os xamás, os santos que existiram desde o início dos tempos já nos diziam. Talvez eles fossem físicos antes mesmo que tal ciência existisse, porque eles explicavam o que acontecia além da realidade ordinária, explicações às quais chegam hoje os cientistas. Essas pessoas da Antiguidade tinham um conhecimento excepcional que obtinham através de técnicas para expandir a consciência. A Física Quântica vem para explicar cientificamente os procedimentos e acontecimentos milenares que, até hoje, são considerados religiosos ou "místicos" quando, na verdade, são plenamente naturais, coerentes, simples e de acordo com a nossa natureza.

Capítulo 9
REGRESSÃO E PSIQUIATRIA

As pessoas com doenças mentais podem fazer regressão?

Podem, mas algumas vezes não se entende nada. São viagens, literalmente, sem pé nem cabeça. Isso ocorre quando a pessoa está completamente desorganizada em seus pensamentos por estar muito sintonizada em encarnações passadas, muito influenciada por Espíritos obsessores e/ou sob os efeitos dos medicamentos chamados de antipsicóticos, que são, na verdade, supercalmantes. No meu livro *Doutor, eu ouço vozes! Doença mental ou mediunidade?*, falo que os antipsicóticos são, muitas vezes, necessários e até imprescindíveis nos surtos esquizofrênicos, numa agitação maníaca, em estados de perda de controle com grande agressividade contra alguém ou contra si mesmo. Mas o nome que recebem (antipsicóticos) passa a sensação de que esses medicamentos irão combater ou curar a Psicose, quando na verdade apenas baixam a adrenalina e/ou a dopamina das pessoas, tornando-as mais calmas e menos agitadas, porém, muitas vezes, dependendo da dose dos medicamentos ou dos seus efeitos colaterais, ficam incapacitadas para pensar ou fazer qualquer coisa que exija raciocínio ou atitude.

Um parente meu é doente mental e gostaria de fazer Regressão, mas dizem que é perigoso. Qual a sua opinião sobre disso?

A doença mental, com as descobertas que estão sendo feitas com a Terapia de Regressão, ganha uma enorme possibilidade de expansão em seu diagnóstico, em sua análise e em seu tratamento. Todos nós estamos sintonizados em situações traumáticas de vidas passadas, mas os "piores momentos" é que mais nos influenciam. Essas situações podem estar "adormecidas" dentro do nosso Inconsciente e despertarem mediante um estímulo específico, que pode ser um trauma psíquico, um filme, um livro, uma viagem, o nascimento de um filho, etc., e aí passamos a viver uma outra encarnação concomitantemente a essa. Surgem as ideias estranhas, crenças difíceis de entender, manias, fobias, medos inexplicáveis, rituais, pesadelos, visões, audições, e se a pessoa for consultar um psicólogo ou um psiquiatra que não entende de Reencarnação, poderá receber um diagnóstico, baseado nos seus sintomas, dentro dos critérios do DSM (Diagnóstico de Saúde Mental). Com o diagnóstico, receberá um tratamento com psicotrópicos, que, além de poucas vezes curarem realmente, trarão seus terríveis efeitos colaterais. A pessoa acredita que está doente, bem como seus familiares e amigos. O profissional que a atende aumentará a dose dos psicotrópicos, tentará outros psicotrópicos, fará associações deles, algumas vezes poderá até usar eletrochoque, e assim começa o calvário de milhões de pessoas internadas em hospitais psiquiátricos, a maior parte deles considerados incuráveis. Algumas crianças nascem tão sintonizadas nas suas últimas encarnações que podem até receber o diagnóstico de Psicose infantil, aí o ideal é o esquema tríplice de tratamento (vida atual + vidas passadas + entorno espiritual).

Minha irmã sofre de alucinações. Ela vê meu pai que já morreu e até diz que fala com ele. Ela deveria fazer Regressão?

A Terapia de Regressão tem sua utilidade na investigação e tratamento de fatos do passado, seja desta ou de outras encarnações.

Mas não acredito que irá beneficiar-se com ela para essa questão. Na minha opinião, a sua irmã ou qualquer pessoa que afirme enxergar um familiar falecido e/ou ouvir sua voz, antes de ir a um psicólogo ou psiquiatra, para não correr o risco de ser rotulado como esquizofrênico, deve ir a um Centro Espírita para receber uma orientação especializada sobre o assunto. Ou seja, essas pessoas que veem ou ouvem Espíritos devem procurar os especialistas no assunto, e as pessoas que trabalham em Centros Espíritas são especializados em desencarnados. Os psiquiatras e os psicólogos ainda não entendem desse assunto, pois isso não é ensinado nas Faculdades. Os médiuns procurarão entrar em contato com o desencarnado, tranquilizando-o, tentando encaminhá-lo para o Plano Astral, com o auxílio dos Seres de lá. Depois disso, se a pessoa entender necessário, pode procurar o auxílio de um psicoterapeuta para realizar um tratamento psicológico para a saudade, a carência, etc. Realizando primeiramente a desobsessão, com o encaminhamento do ser desencarnado para o Mundo Espiritual, onde é a nossa Casa verdadeira, não receberá o rótulo de Esquizofrenia, não receberá "antipsicóticos" ou "ansiolíticos", não terá os terríveis efeitos colaterais dessas químicas, não será considerada "louca" pela família e conhecidos. Enfim, consultando primeiramente um Centro Espírita e resolvendo a questão do familiar desencarnado que ficou na Terra, estará evitando uma série de inconvenientes em sua vida.

Um sobrinho, desde que começou a falar, diz coisas que ninguém entende, ele é bem estranho, tem medo das pessoas, de barulhos, se esconde, não quer ir para a Escola, recebeu o diagnóstico de Psicose infantil. Eu não acho que ele é doente, é só tímido, o que poderia ser feito por ele?

É comum crianças referirem fatos que, para quem lida com a Reencarnação, são referentes a alguma encarnação passada. Atendemos crianças que são Espíritos que passaram pela Primeira ou Segunda Guerra Mundial, pelos campos de concentração, e elas manifestam um terror de afastar-se de seus pais, e é, geralmente, muito difícil a sua entrada na Escola. Nunca se deve forçar uma criança a entrar na Escola se ela refere muito medo, deve-se pensar que ela pode trazer um trauma de alguma encarnação passada, que aparece numa fobia de lugares fechados, de pessoas desconhecidas, de aviões, de foguetes, etc. Os pais de crianças com esse problema devem ler os livros Espíritas para entender desses assuntos. Os psicólogos e psiquiatras que cuidam de crianças também devem fazer isso. Forçar uma criança a enfrentar uma situação em que ela sente muito medo é agravar seu trauma inconsciente, é criar um futuro adulto fóbico. A Terapia de Regressão realizada na própria criança ou em algum familiar seu, sem ela presente (Regressão a distância), possibilita acessar o(s) fato(s) passado(s) onde ela está sintonizada, como se ainda estivesse lá, recordar até seu final, até tudo ter passado e, com isso, desligar a criança daquela situação. A melhora é muito boa ou ótima.

Desde criança eu tenho pesadelos e acordo gritando. O pediatra dizia que eu tinha Terror Noturno, mas isso não passa, mesmo com medicação. Já tomei de tudo, já fiz de tudo, uma Regressão pode ajudar?

Muitas vezes, os chamados pesadelos são regressões espontâneas para vidas passadas, revivências de fatos traumáticos, lutas, guerras, fugas, perseguições, etc., e durante a situação, a pessoa acorda gritando, pedindo ajuda, como se estivesse em um transe, muitas vezes não sabe onde está, não reconhece seus familiares. Esses casos devem-se, geralmente, a uma regressão durante o sono ou a uma ação de Espíritos obsessores. A investigação a um acesso a uma vida passada durante o sono deve ser feita no consultório de um terapeuta de regressão, e a investigação espiritual, em um Centro Espírita. Se ambas as investigações forem negativas, deve-se procurar um médico neurologista.

Capítulo 10
REGRESSÃO E PSICOLOGIA

Uma pessoa, tendo um problema e fazendo a Regressão, está curada ou fica apenas sabendo os motivos dele e depois tem que fazer acompanhamento com psicólogo?

Atualmente, existem dois tipos de Psicologia: a tradicional, que não lida com a Reencarnação, e a moderna, que lida com ela. Na verdade, "Psico" é um radical grego que significa "Alma", e a Psicologia oficial, não reencarnacionista, não estuda a Alma. É muito benéfico fazer tratamento psicológico concomitantemente com a Terapia de Regressão, mas se a Regressão é para vidas passadas (como trabalha a maioria dos terapeutas de regressão), a psicologia adotada deve ser, por coerência, reencarnacionista, para que a pessoa possa reler a sua infância, entender as Leis que regem a aproximação entre Espíritos, as "ilusões dos rótulos das cascas", aplicar nesta vida atual o que aprende com a recordação de vidas passadas, etc. Embora existam terapeutas de Regressão que fazem as sessões só para promover os desligamentos de situações do passado e, com isso, resolver transtornos (fobia, pânico e depressão), sem uma posterior psicoterapia, nesse caso, o objetivo é apenas melhorar ou curar sintomas focais. Esses terapeutas de Regressão fazem conversas pós-Regressão rápidas porque, no seu método de trabalho, o principal já foi feito. Muitos terapeutas de regressão são psicoterapeutas e, além dos desligamentos e esvaziamentos do conteúdo emocional, trabalham com as pessoas questões referentes às suas personalidades, à descoberta do seu padrão comportamental repetitivo, encarnação após encarnação, e o que fazer hoje com isso. A Psicologia tradicional investiga até a infância, ou vida intrauterina, nós seguimos o Dr. Freud e entramos Inconsciente adentro, rumo às encarnações passadas.

Obesos e comedores compulsivos podem ter herdado essas características de existências anteriores?

Nas sessões de Regressão, constata-se que muitas pessoas com excesso de peso tiveram uma existência na qual morreram de fome ou foram privadas de alimentação por longos períodos, como, por exemplo, em guerras, situações de miséria, campos de concentração, etc. A inanição naquela vida passada continua a afetar a pessoa na atualidade, provocando uma vontade de comer em excesso, muitas vezes sem ter fome, para compensar o registro de inanição. É como se a pessoa estivesse aqui e lá ao mesmo tempo, sentindo a fome de lá. Os distúrbios sérios de alimentação, a anorexia, a bulimia, são frequentemente distúrbios ligados a situações traumáticas em vidas pregressas e podem ser tratadas através da Regressão.

Uma prima minha é bem magra, mas ela diz que é gorda. Olha-se no espelho e diz: "Como eu sou gorda!". O que pode ser isso? Obsessão espiritual?

Podem ser Espíritos obsessores interferindo em seu pensamento, mas outra hipótese, e que vemos com alguma frequência, é que ela esteja tão sintonizada em uma encarnação passada, em que era realmente gorda, que ainda se vê assim. Todos os terapeutas de regressão já tiveram casos assim, e, com o acesso àquela vida de obesidade e o desligamento de lá, a pessoa passa a viver mais nesta vida atual, além de entender que estava se vendo mais no passado do que hoje, e pode curar-se disso. Curar não é bem o termo exato, isso não é doença, é uma circunstância, ela estava aqui, na vida atual, e lá, naquela vida. Um exemplo: um rapaz bem magrinho me dizia que as pessoas tinham medo dele, que se afastavam quando ele chegava em algum lugar e tratava-se psicologicamente por uma fantasia criada por uma frustração, a de não ser alto e forte. Pois bem, na Regressão, ele viu-se em Roma como um gladiador, e as pessoas tinham muito medo dele. Aqui em Porto Alegre existe uma mendiga que parece uma rainha, tal a sua pose aristocrática e suas maneiras finas e delicadas – um dia, fiquei observando-a retirando piolhos de seu cabelo, com uma classe...

Como as regressões ajudam na compreensão dos distúrbios psicológicos?

As regressões podem mostrar para as pessoas de onde vêm seus sintomas e sensações. Por exemplo: uma pessoa, considerada claustrofóbica porque não entra em elevador, pode encontrar o lugar fechado lá no passado de onde vem esse medo. Quando vai entrar num elevador, começa o medo, começa a tremer, a suar, a ter taquicardia, é que não é mais apenas o elevador, ela está se sentindo naquele lugar do passado com o qual ainda está sintonizada. É uma Regressão espontânea que faz ali, e entra em pânico. Alguém que é considerado fraco ou até preguiçoso porque afirma que tem medo de sair de casa, pode estar se deparando, ao sair para a rua, com o momento do passado no qual estava no meio de uma batalha, de um ataque de inimigos. Quando ele começa a pensar em sair de casa, vai regredindo para o passado, e em pouco tempo está lá, e aí não quer sair de casa porque tem medo. Uma pessoa rotulada de esquizofrênica paranoide porque desconfia das pessoas, porque tem medo de ser atacada, ferida ou morta por familiares, por vizinhos, por "inimigos", pode encontrar em outra encarnação a situação de onde vêm esses pensamentos. Alguém que não se sente bem em lugares amplos, em multidões, pode encontrar uma guerra em seu passado, um terremoto ou qualquer situação traumática coletiva. Então, muitas vezes, o que é chamado de "distúrbio psicológico" é, na verdade, uma sintonia com encarnações passadas.

A Regressão é suficiente para curar ou só serviria como auxiliar da Psicologia?

Depende do que a pessoa quer curar. Se vier fazer um tratamento para fobia ou pânico, e quer curar isso, geralmente são suficientes umas três ou quatro sessões de Regressão e o mesmo de conversas. A pessoa pode encontrar e desligar-se de algumas vidas passadas e com isso eliminando ou diminuindo muito em intensidade os sintomas fóbicos, os ataques de pânico, a depressão severa, dores físicas crônicas, etc. Mas se a pessoa vem para saber para o que reencarnou, aí é diferente. As regressões servirão também para desligar-se de várias situações traumáticas de seu passado, mas encontraremos muitas respostas, uma enorme ampliação do seu autoconhecimento, a expansão da compreensão da vida, da morte e da finalidade única da encarnação: alcançar mais evolução espiritual.

Eu não consigo me libertar de uma mágoa que tenho do meu pai. Ele foi muito ruim pra gente. Isso me faz sofrer demais, já me tratei, até com remédios, tento perdoá-lo, mas não consigo. Uma Regressão poderia me ajudar?

A procura da causa de tudo na infância das pessoas cria as figuras da vítima e do vilão, mas nós procuramos entender a infância sob a ótica reencarnacionista, o que significa tentar ajudar a pessoa a entender por que "pediu" essa infância, e "pediu" significa "necessitou". Para a visão oficial, a infância é o início da vida, para nós, é uma continuação, e, sendo uma continuação, ela tem uma estrutura organizada pelo Universo, segundo as Leis Divinas. Por que o seu Espírito precisou vir filha desse pai? Nós fazemos um Exercício com os pacientes, chamado "Conte a sua história de vida a partir de um ano antes de sua fecundação". Algumas hipóteses:

a) Em uma vida passada você foi pai dele e foi igual ou pior do que ele foi com você, e agora veio como sua filha para receber aquela sua ação de volta.

b) Você vem há várias encarnações com uma tendência de magoar-se, sentir-se rejeitada, e precisa mudar esse padrão comportamental, essa maneira de lidar com os fatos desagradáveis da vida, e então necessita de um "gatilho" para que aflore de você essa secular tendência, e esse gatilho é o seu pai. A sua postura agressiva fez aparecer em você o que veio melhorar nessa atual encarnação, e então, ele lhe fez um mal ou um bem? Aparentemente, um mal, mas, e as regressões podem lhe mostrar isso, se continuar se achando vítima do seu pai e mantiver a mágoa e o sentimento de rejeição até o fim dessa vida, foi um mal mesmo, mas se entender que não foi vítima da infância e, sim, cocriadora dela, que pediu para passar por isso, e que a finalidade foi encontrar sua antiga tendência de magoar-se, mudará seu raciocínio e perceberá que ele lhe fez um bem.

c) Digamos que seu pai havia programado mudar de atitude, deixar de ser agressivo, de beber, etc., e quando você estava lá no Mundo Espiritual decidiu vir filha dele, achando que ele ia cumprir a sua promessa, mas ao aqui chegar, ele, esquecido dessa promessa, não mudou e manteve sua antiga maneira de ser, ou seja, ele realmente errou com você. O que fazer? Perceber que ele está errado em ser agressivo e você está errada em magoar-se, pois, assim, nem ele nem você estão cumprindo sua promessa de mudar, de fazer uma Reforma Íntima. Para uma criança não se pode falar nisso, mas para um adolescente e para um adulto, como é seu caso, deve-se falar para que possa realizar o que chamamos mudar a "versão-persona" e sua infância e de sua vida para a "Versão-Espírito", a primeira permeada de mágoa, vitimação e tristeza, a segunda, a verdadeira, plena de responsabilidade e compromisso com a evolução do seu Espírito.

Capítulo 11
REGRESSÃO E DOENÇAS FÍSICAS

A Terapia de Regressão pode curar doenças físicas?

Se for uma doença de tendência crônica, com enorme possibilidade ela é crônica há várias vidas, ou seja, já nasceu conosco, veio em nosso perispírito e manifesta-se desde a infância ou quando algum fato desencadeante acontece em nossa vida. Todos os terapeutas de regressão têm casos de grande melhoria e até cura de asma que veio de vidas passadas, de dores de cabeça, de dores no corpo, como a fibromialgia, a artrite, doenças na pele, etc. Vejamos algumas em nossa experiência:

Asma – pessoas que morreram asfixiadas, soterradas, em câmaras de gás, enforcadas, e até ex-fumantes de vidas passadas. Uma criança que foi curada da asma pela psicoterapeuta reencarnacionista Juliana Vergutz acessou uma vida passada em que era um fumante inveterado, fumou até morrer de uma séria doença pulmonar, relembrou a sua morte, o seu desencarne, a sua subida para o Mundo Espiritual, o seu tratamento naquela ocasião em um hospital do Astral, até ter ficado muito bem sem mais nenhum sintoma pulmonar. Ao voltar da regressão, ele disse: "Sabe, tia, a minha asma é porque eu fumava naquela vida.".

Dores de cabeça – pessoas que morreram com um tiro na cabeça, quedas de uma altura com traumatismo craniano, torturas na cabeça, enforcamento, etc. Uma pessoa que sofria de uma enxaqueca crônica viu em uma vida passada que levou uma forte pancada na cabeça e naquele momento me disse: "É a mesma dor que eu sinto hoje!".

Fibromialgia, artrite, etc. – pessoas que sofreram torturas no corpo, quedas de altura com fraturas múltiplas, tortura por esticamento do corpo naquelas antigas rodas de tortura, etc. Uma pessoa que sofria de fibromialgia viu-se numa dessas rodas de esticamento, sendo esticada até morrer dilacerada, e, após a sua morte lá, recordou seu desencarne e sua subida para um hospital do Astral onde recebeu tratamento e ficou muito bem. Na ocasião, me disse que as dores que sentia hoje eram iguais às que sentia quando estava recordando aquela tortura. E a sua fibromialgia? Sumiu.

Doenças na pele – veja que eu digo ""Doenças na pele" e não "Doenças de pele", pois a pele é o maior órgão de eliminação do nosso corpo e o nosso organismo tem a tendência de querer eliminar toxinas, impurezas, pela pele, para que não afetem os órgãos internos. Evidentemente, uma micose ou uma pequena infecção na pele é algo externo e pode ser tratado exteriormente, mas os transtornos na pele de tendência crônica não devem ser tratados com cremes, pomadas, loções de uso tópico, pois, como diz o povo, isso faz com que o que o corpo está querendo eliminar "recolha" e passe a afetar órgãos internos. Também não adiantam os corticosteroides e outros medicamentos para afecções na pele crônicas, para um correto tratamento deve-se fazer uma investigação a respeito da personalidade da pessoa, os seus sentimentos, acessar encarnações passadas, enfim, um tratamento que possibilite encontrar a causa, a origem, do problema. Todos os terapeutas de regressão têm casos de cura de psoríase, de "alergias na pele", encontrando e desligando a pessoa de situações em outra encarnação em que havia uma séria afecção na sua pele lá. Lembro um caso de uma pessoa que, na vida passada acessada, era prisioneira em uma cadeia com péssimas condições de higiene, e dormia sobre palhas, e durante a regressão ela se coçava o tempo todo, depois me informando que hoje sentia exatamente a mesma coceira. E não é difícil de imaginar a origem da doença chamada "Fogo selvagem".

Após exames clínicos com médicos especialistas, sem que apareça nenhum problema orgânico, uma doença pode ser investigada com Regressão?

O que é doença? São sintomas que aparecem no corpo físico advindos dos sentimentos, dos pensamentos e das posturas e atitudes desta ou de outras vidas. Muitas vezes, os sintomas não são detectados por aparelhos médicos, porque ainda estão no corpo astral e no duplo etérico e podem então ser curados com as Medicinas mais modernas: as energéticas e as espirituais. Muitos sintomas desapareceram após sessões de regressão, quando a pessoa encontrou situações do passado em que alguma coisa acontecia e provocava aquela dor ou sensação. A Sirlene Alves, ministrante do Curso de Formação em Psicoterapia Reencarnacionista e Regressão Terapêutica da ABPR em Santa Catarina, falava de uma dor crônica no lado direito nas costas que desapareceu após uma regressão na qual se viu como uma índia que morreu com uma flechada naquele exato local. Em todos os casos de fibromialgia que atendi até hoje, encontramos situações de encarnações passadas nas quais a pessoa sentia, durante o processo regressivo, a mesma dor e sensação que sentia hoje. Após a regressão, com o desligamento daquela encarnação, a melhora é surpreendente (para a pessoa, para nós não, pois já estamos acostumados com estes "milagres" da Terapia de Regressão). Lembro-me de uma senhora que veio consultar por uma tosse crônica, há cerca de 30 anos! Ela já havia consultado e realizado tratamento com vários médicos, psicólogos e psiquiatras, aqui no Brasil e no exterior, sem nenhuma melhora. Na regressão, ela se viu numa fogueira da Inquisição e estava asfixiada pela fumaça, tossindo, tossindo, tossindo... Recordou a sua morte, o seu desencarne, a sua subida para o Mundo Espiritual, até ter ficado muito bem lá no Astral, sem mais nenhum resquício da tosse e da queimadura generalizada. Na segunda sessão de regressão, ela viu-se morrendo afogada, subiu para o Astral e recordou até ter ficado muito bem. Sabem o que aconteceu após essas regressões, com o desligamento dessas duas situações? A tosse sumiu.

Eu tenho uma doença autoimune, os médicos me dizem que ela é incurável, que tem controle, terei de tomar medicamentos toda a vida, não consigo me conformar com isso. A Terapia de Regressão poderia me ajudar a curá-la?

O Dr. Bach, médico inglês do início do século XX, criador da Terapia Floral, dizia que "A doença é uma mensagem do nosso Eu Superior para mostrar o nosso erro". O livro *A doença como caminho* de Thorwald Dethlefsen e Rudiger Dahlke, aborda isso com maestria, e recomendo a sua leitura cuidadosa. A Medicina tradicional, orgânica, é uma medicina maravilhosa, ela salva vidas, nas urgências e nas emergências ela é soberana e indispensável, mas tem uma característica: ela não tem a capacidade de realmente curar as doenças de tendência crônica porque é uma medicina apenas do corpo físico, e as doenças nascem no nosso Espírito, diga-se, os nossos pensamentos, os nossos sentimentos e as nossas atitudes e posturas diante dos fatos da vida. E como a nossa vida é muito, muito longa, ela tem dezenas ou centenas de milhares de anos, as doenças autoimunes têm sua origem há séculos, advindas de situações mal enfrentadas, ou seja, enfrentadas com mágoa, com medo, com raiva, com agressividade, com solidão, com autodestruição. E como nós estamos apenas continuando a nossa vida nesta atual encarnação, a origem de sua "doença" esconde-se em seu Inconsciente, e é para aí que se endereça a Terapia de Regressão, encontrar o seu erro no passado, que pode estar se repetindo até, e ainda, hoje, entender qual foi ele, recordar aquelas vidas passadas, desligar-se delas e tomar uma decisão fundamental: uma transformação, um renascimento, uma mudança interna verdadeira. A cura do seu interior irá refletir-se em seu exterior.

Meu marido sofre de artrite nas mãos e nos dedos, pegou a coluna, agora foi para as pernas, os joelhos, ele toma medicamentos que ajudam, mas não está passando, ele sofre muito. Fico com pena dele, quero ajudá-lo, falei a ele sobre a Terapia de Regressão, ele não acredita, o que eu poderia fazer?

Ele sofre de rigidez. A rigidez de uma pessoa transfere-se para o corpo físico como uma rigidez similar, nas partes afetadas que representam onde é mais rígido. Como ele é em relação a carinho? As suas mãos são carinhosas? Ele sempre tem razão, acha-se o dono da verdade? E a sua coluna, está sempre ereta, dura, rígida? A sua postura é militar? As suas pernas o estão levando para onde o seu Espírito e seus Mentores Espirituais gostariam que ele fosse? Os seus joelhos são flexíveis, ele ajoelha-se perante Deus e pede perdão pelos seus pecados antigos e presentes? Essa pode ser a cura que a artrite está indicando, ele está disposto a promover essa transformação, essa mudança? A Terapia de Regressão, provavelmente, mostraria que ele é muito parecido com hoje há várias encarnações e porque começou a endurecer-se, porque decidiu defender-se dessa maneira, pois, na verdade, todos somos Luz. Onde está a sua Luz? O Dr. Pierre Weil, criador da Unipaz (Universidade para a Paz), escreveu um livro, que deve ser lido: *O corpo fala*. E um outro livro espetacular: *A Linguagem do Corpo*, de Cristina Cairo.

Capítulo 12
REGRESSÃO E DROGADIÇÃO

O alcoolismo e o tabagismo podem ser herdados de outras encarnações?

Frequentemente, os usuários de substâncias prejudiciais levam o hábito consigo através de suas vidas, na verdade é uma vida só, nós que trocamos de corpo de vez em quando. As drogas, lícitas ou ilícitas, são utilizadas como uma forma de disfarçar o sofrimento, seja ele moral ou emocional, e raramente um hábito desses é desenvolvido em apenas uma encarnação, normalmente vem do nosso passado. Essa perspectiva, quando esclarecida, pode dar ao usuário a possibilidade de, vendo que já era assim em outros séculos e desligando-se dessas vidas passadas, encontrar forças para realizar um tratamento, psicológico e espiritual, para resolver algo que está repetindo há séculos. Mas a cura somente pode surgir do entendimento do motivo pelo qual isso vem acontecendo, a fuga é de quê? Os usuários de bebida alcoólica e de cigarro, as drogas lícitas, que são as piores, que mais adoecem e matam, e os usuários das drogas ilícitas, estão geralmente acompanhados de Espíritos desencarnados, ex-usuários, que os incentivam ao consumo dessas substâncias das quais são dependentes. Esse é um dos maiores entraves nesse tipo de tratamento, pois, além da sintonia com vidas passadas nas quais geralmente acontecia a mesma coisa que hoje, o usuário tem essa ação dos obsessores, que querem satisfazer o vício através dele e/ou querem se vingar dele por alguma pendência antiga. O ideal para o tratamento de um usuário de drogas, lícitas ou ilícitas, é o esquema tríplice com uma psicoterapia dessa vida, psicoterapia de vidas passadas e tratamento espiritual.

O meu filho fuma maconha e diz que, se o pai pode beber e eu fumar cigarro, ele também pode fumar maconha. Eu até acho que ele tem razão em parte. Uma vez, eu sonhei que meu filho estava em outra época e parece que ele bebia, morro de medo dele enveredar por esse caminho. Gostaria que ele fizesse Regressão. O que o senhor acha?

O que eu acho? Acho que seu marido não devia beber, a senhora não devia fumar e ele não devia fumar maconha. Nós estamos encarnados para nos sujarmos ou para nos limparmos? A questão é que a nossa sociedade considera normal beber uísque, beber vinho, beber cerveja, em todas as festas de família, nascimentos, batizados, aniversários, noivados, casamentos, aprovações em concurso, no vestibular, no churrasquinho de fim de semana, todos bebem, as crianças, desde pequenas, veem seus pais e tios e amigos da família bebendo, muitos fumando, e então incorporam isso como uma coisa "normal". Depois, quando começam a fumar maconha, cheirar cocaína, a família entra em pânico, e culpa as "más companhias", culpa os traficantes, culpa o governo, mas quem viciou o seu filho? Quem é que ensina a um filho que para ficar alegre, para festejar, para relaxar, para acalmar-se, tem de usar alguma coisa? Ele acredita e passa a fazer o mesmo. E se o seu filho bebia ou usava alguma outra droga em outra encarnação, ele tem uma tendência crônica a fugir dos problemas, ao escapismo, e um tratamento com Terapia de

Regressão poderia mostrar a ele como foi aquela vida, ou outras, o que aconteceu com ele bebendo, e desligando-o delas. Isso poderia ter um bom efeito em uma possível tendência a beber e usar drogas. Mas, se ele bebia em outra vida e o pai bebe hoje, está dando um péssimo exemplo para ele, por isso o ideal para que seu filho pare de fumar maconha é que o pai pare de beber e a senhora pare de fumar cigarro, para terem uma credibilidade interna e servirem de exemplo, senão fica no "Faça o que eu digo, mas não faça o que eu faço...". É como o Big Brother, as pessoas veem, gostam, toda a família reunida, curtindo, e ninguém quer que sua filha adolescente engravide ou seu filho adolescente engravide alguém. É preciso coerência.

Eu e meu marido criamos o nosso filho com todo o amor, ele foi planejado, esperado, amado desde o ventre, e hoje ele é revoltado com o pai, parece que o odeia, e começou a fumar, a beber, acho que até está usando drogas, parece que está virando um marginal, estamos desesperados. Um tratamento com Regressão poderia ajudar?

Os terapeutas de regressão observam nas pessoas que acessam vidas passadas que nós somos muito parecidos hoje a como éramos em outras épocas, muitas vezes, há séculos. Na Psicoterapia Reencarnacionista chamamos a isso de "Personalidade Congênita", que significa: "Nós somos como somos porque nascemos assim". O seu filho está demonstrando como era a sua personalidade nessas suas últimas encarnações e vocês sabiam que ele era assim quando assumiram perante Deus o compromisso de trazê-lo do Mundo Espiritual como seu filho. Evidentemente, erros na educação, ausência ou agressividade por parte de um dos pais ou ambos afetam e muito a personalidade de um filho, mas, pelo que a senhora me diz, ele ser assim, sem uma explicação plausível, é a sua Personalidade Congênita. A missão da senhora e do seu marido em relação a ele é ajudá-lo a mudar suas características ou, pelo menos, melhorá-las o mais possível, com exemplo, com amor e com firmeza. A Terapia de Regressão mostrando a ele como era em algumas encarnações passadas (quando era parecido ou igual a hoje), evidenciando o que aconteceu com ele por sua postura rebelde e autodestrutiva, e com o desligamento dessas vidas, pode ajudar muito nessa sua proposta de Reforma Íntima. Ele veio para mudar esse padrão e as regressões ajudam muito nisso.

Capítulo 13
REGRESSÃO EM CRIANÇAS

As crianças podem fazer Regressão?

Uma famosa terapeuta de regressão norte-americana, Carol Bowman, escreveu o livro *Crianças e suas vidas passadas*, no qual revela a ocorrência de lembranças de vidas passadas em crianças, a partir de sua experiência pessoal ao descobrir, em traumas de vidas passadas, a origem das inexplicáveis fobias de seu filho. Após vivenciar a experiência traumática do seu passado, ele ficou liberto da fobia que o perturbava. Estimulada por essa cura tão rápida e profunda, ela começou a investigar lembranças de vidas passadas em outras crianças. Descobriu, com surpresa, que ocorrem com muita frequência. Ela ensina os pais a reconhecerem essas lembranças e usá-las como poderosa ferramenta para entender e ajudar os filhos. Ela escreve: "Quando uma criança fala com tanta certeza e inocência sobre sua vida passada e descreve serenamente o que acontece depois da morte e a viagem de volta a uma nova vida, ela dá testemunho de uma verdade: nossas Almas nunca morrem. Essas lembranças constituem talvez a melhor evidência documentada da Reencarnação". As crianças têm muita facilidade para regredir e externar conteúdos inconscientes, e podem regredir sem nenhum risco, nas mãos de um terapeuta sério e responsável.

A partir de que idade se pode fazer a Regressão em crianças?

Juliana Vergutz, psicoterapeuta reencarnacionista e ministrante do curso de Regressão em Crianças (www.julianavergutz.com.br) ensina que, em crianças, pode-se fazer a regressão presencial, dependendo da idade e da disposição da criança, da maneira tradicional, ou seja, deitada, com a mãe ou o pai presente ou algum familiar em quem ela confie e com o qual sinta segurança (acima de dez anos, em média) ou pode ser feita sentada numa cadeirinha em uma mesinha com papéis e lápis de cor (regressão com desenho) ou sentada no chão com o terapeuta (entre cinco e nove anos, em média). Em crianças pequenas ou que os pais não queiram que ela passe pela experiência, a regressão pode ser feita a distância, em sua mãe, seu pai ou algum familiar da criança, com ela ausente, ou mesmo com alguma pessoa que não a conheça mas queira colaborar para ajudá-la. Para o desligamento do passado e a melhoria, ou cura, de uma fobia, o pânico, uma tristeza que nasceu com a criança, uma timidez intensa, um sentimento muito forte de rejeição, asma ou outra patologia de tendência crônica, o efeito é o mesmo, sendo a regressão vivencial ou a distância.

A regressão em crianças é feita com que finalidade?

Ela é realizada em casos de timidez extrema, medos, fobia, pânico, tristeza, tendência de magoar-se facilmente, de sentir-se rejeitada, em casos de asma, de enxaqueca ou outras doenças ou transtornos que ela apresente. Pela experiência que os terapeutas de regressão têm nesse assunto, alguma característica de personalidade, uma tendência de sentimentos, sendo muito intensa, já nasceu com a criança, é como ela é, como vem sendo há várias encarnações, e aí encontra-se a sua proposta de Reforma Íntima.

Como o assunto é abordado com os pais das crianças?

A regressão em crianças visa basicamente o desligamento de situações de outras encarnações, visando melhorar ou curar sintomas focais como uma fobia, uma depressão, ou uma doença física de tendência crônica, mas é importante mostrar para seus pais algumas características de personalidade que ela apresentava nas encarnações acessadas, para que eles entendam um pouco da proposta de Reforma Íntima de seu filho e possam ajudá-lo a promovê-la e, assim, aproveitar essa encarnação.

Quando eu era criança, era muito triste, me magoava com facilidade, sempre me sentia inferior aos outros, rejeitada. E por azar tive um pai muito autoritário, que me machucava, me fazia sentir ainda pior, sempre me criticando, me cobrando. Eu sou a mais velha, do meu irmão mais novo ele gostava, dava preferência para ele, não consigo perdoar meu pai, sofro mais ainda por isso. Até hoje ainda sou assim, um pouco melhor, claro, mas será que, se eu tivesse feito Regressão naquela época, teria me curado disso? Pode me ajudar?

Eu posso tentar lhe ajudar, fazendo alguns questionamentos. A senhora acredita em Reencarnação, então vou lhe fazer algumas perguntas: Como era a sua personalidade nas suas últimas encarnações? Para o que reencarnou? Por que seu Espírito "pediu" (necessitou) esse tipo de pai? Por que precisou vir mulher? Por que veio como a mais velha? Por que não veio como homem e o segundo filho? Por que seu irmão não veio como filha e a mais velha? Por que precisou desse tipo de infância?

Essas e outras questões a senhora pode entender quando desencarnar e lhe levarem para assistir a algumas Sessões de Telão, quando encontrará essas respostas, e aí, lá em cima, provavelmente, entenderá que reencarnou e precisou dessas circunstâncias para melhorar ou curar uma tendência crônica de magoar-se, sentir-se rejeitada, sentir-se menos que os outros, sentir-se vítima. Talvez veja o oposto, em encarnações ainda mais antigas, mas isso o Telão é que poderá mostrar. Mas também pode ver o Telão aqui na Terra, na Regressão Terapêutica, se seus Mentores assim o permitirem. Os livros espíritas de Allan Kardec, Chico Xavier e tantos outros explicam isso bem direitinho, e os meus, principalmente o *Como aproveitar a sua encarnação* e o *A Terapia da Reforma Íntima*, podem ajudá-la a sair da condição de vítima, mudar seu raciocínio a respeito de sua infância e desse Espírito rotulado como seu pai, e assumir a postura de cocriadora de sua infância, o que chamamos em Psicoterapia Reencarnacionista de versão-persona X Versão-Espírito. Deixando de acreditar-se vítima, nem precisa mais perdoar, já está perdoado.

No Brasil, existem terapeutas de regressão especializados em crianças?

No exterior, a Carol Bowman nos Estados Unidos, a Alice Cabral em Portugal, e outros. Aqui no Brasil esse é um campo ainda em desenvolvimento. Na nossa Escola, a Juliana Vergutz, de Porto Alegre, vem há alguns anos trabalhando com Regressão em crianças com resultados bons ou ótimos. Na verdade, a maioria dos adultos que procuram a Terapia de Regressão por alguma fobia, o transtorno do pânico, uma tendência de solidão, um forte sentimento de rejeição, etc. referem que já sofriam e sentiam isso desde a sua infância, e então é muito recomendável realizar logo o acesso e o desligamento de crianças com esses transtornos das encarnações que ainda estão sintonizadas, para que não passem anos e anos sofrendo com isso, sofrendo zombaria *bullying*, tratando-se com psicoterapias que dão um resultado mediano, tomando medicamentos psicotrópicos paliativos, etc.

Capítulo 14
REGRESSÃO E GESTAÇÃO

A Terapia de Regressão pode resolver um medo muito forte de ter um filho?

Pode ser um medo que venha de quando estava no útero de sua mãe e esta sentia muito medo do parto e isso ficou em seu Inconsciente, ou um medo que venha de alguma outra encarnação, pode encontrar a origem na Regressão. Mesmo que uma pessoa nos conte fatos de sua infância que aparentemente pareçam ser a causa psicológica de um medo desses, isso pode não ter iniciado na infância e, sim, aí ter tido um reforço. Tudo que é forte, veio do passado, poucos anos ou décadas não são suficientes para gerar algo intenso. Quando chega uma pessoa no consultório e conta uma história, ficamos pensando o que houve numa outra vida, principalmente se é algo estranho, intrigante. O medo do parto pode vir, claro, do seu próprio parto nessa encarnação, pode dever-se à postura de sua mãe ou outras mulheres durante sua infância, o que elas falavam, comentavam, ou algum caso que tenha ocorrido nessa época e lhe marcou profundamente, mas, como vemos no consultório, tudo que é muito forte geralmente tem sua origem em outra encarnação, e os fatos dessa vida atual são somatórios ao trauma original. Sem encontrar e desligar-se do trauma, é muito difícil ter uma solução para um medo ou qualquer outro transtorno que alguém apresente.

A infertilidade pode estar relacionada com traumas de vidas passadas?

Isso é muito frequente. Todos os terapeutas de Regressão possuem, em sua casuística, mulheres que não conseguem engravidar ou que perdem seus nenês antes de nascerem e isso estar relacionado com situações do seu passado. Lembro de alguns exemplos: uma mulher, de uns 30 anos, queria muito engravidar e também seu marido queria muito um filho, mas, apesar dos ótimos tratamentos que fizeram, nenhuma gravidez chegava ao final. Na regressão, ela viu que, numa encarnação passada, engravidou solteira e sua família a escondeu até ganhar o nenê, quando então ficaram com a criança e a colocaram em um convento, onde ficou até morrer. Ao final da sessão, ela comentou comigo: "Por isso que eu sempre dizia que nunca ia ter nenê, pois roubam o nenê da gente!". Roubar o nenê? Como se poderia entender isso em uma terapia dessa vida apenas? Provavelmente, ela passaria anos e anos tentando entender o que isso queria dizer simbolicamente, e era real. Outra mulher veio consultar porque queria muito ter um filho, e seu marido, separado, que já tinha filhos, também aceitaria ter mais filhos para agradá-la. Já realizara vários tratamentos, sem sucesso. Na regressão, ela se viu como uma prostituta que fez vários abortos naquela vida, sentiu-se muito culpada disso na sua velhice e após desencarnar e chegar ao Mundo Espiritual, arrependeu-se e prometeu para si mesma que não iria mais fazer isso em próximas encarnações. Mas a culpa veio dentro do seu Inconsciente e hoje em dia não lhe permitia engravidar. Lembro de uma mulher que, apesar de vários tratamentos, não conseguia engravidar, tentou a Regressão, no procedimento, ela acessou uma vida passada em que morreu logo após nascer seu filho, após uns meses, ela engravidou. Aquele medo inconsciente estava lhe bloqueando a maternidade até hoje.

A Regressão pode ser feita durante a gestação?

Durante a gestação, a Regressão só deve ser realizada se a queixa é urgente e necessita ser resolvida, pelo risco de, continuando aquele pensamento, aquele sentimento, isso afetar a gestação ou o parto, ou afetar o nenê. Uma mulher gestante que esteja muito deprimida e esse estado tenha relação com a gestação, pode fazer Regressão para ver se a depressão não é uma sintonia com alguma vida passadas, algumas vezes vinculada à gestação ou à maternidade. Evidentemente, uma psicoterapia dessa vida atual deve ser feita, saber de sua infância, a sua relação com seus pais, o seu relacionamento com seu marido ou companheiro, ou a ausência dele, enfim coisas de hoje. Mas, muitas vezes, uma depressão crônica ou que surge de repente, sem um motivo aparente, pode ser uma sintonia que se estabeleceu com o passado, e aí a regressão tem um efeito muito bom e rápido, pelo desligamento da situação causadora do transtorno.

O que faz uma gestante procurar este tratamento?

Pode ser uma repulsa ao marido, que surge sem motivo aparente, ou a outras pessoas. Uma depressão sem causa, ou desproporcional aos fatos de sua vida. Uma mágoa em relação a um dos pais que se agrava durante a gestação. Um medo muito grande em relação ao parto, medo da dor, ou ideias estranhas, como, por exemplo, de que seu filho um dia será tirado dela, ou terá uma doença muito grave e morrerá, ou que irá morrer afogado, ou irá para a guerra e lá morrerá, etc. Como falei antes, o que afeta profundamente uma pessoa, principalmente se for algo estranho, de difícil entendimento, aparentemente sem nexo, a explicação está escondida lá dentro do seu Inconsciente.

Capítulo 15
REGRESSÃO E ABORTO

Eu fiz um aborto e me culpo até hoje. Me disseram que em vidas passadas eu já havia feito aborto e que desta vez não devia ter feito, que era o mesmo filho que eu não quis naquela vida. A Terapia de Regressão pode me mostrar isso? Embora eu nem sei se quero mesmo ver.

Há dois tipos de terapeutas de regressão: os que atendem o desejo, a curiosidade, a vontade da pessoa, e os que deixam a critério do Mundo Espiritual, ou do próprio Inconsciente da pessoa, o que ele vai acessar nessa recordação. Por exemplo: se a senhora vai consultar com um terapeuta de regressão que atende ao que a pessoa quer saber, o que quer resolver, esse profissional direciona a recordação para esse objetivo e, com bastante frequência, a pessoa encontra e entende o que quer saber, o que lhe traz um conflito. A questão é: os Mentores Espirituais da pessoa concordam com isso? Esse acesso a essa informação está de acordo com a Lei do Esquecimento ou a está infringindo? Podem argumentar: "Mas se a pessoa acessa é porque é permitido!". Não é assim, os Seres de Luz respeitam o livre-arbítrio e permitem que cada um faça o que quiser mas, depois, se responsabilize com isso. Grande parte dos terapeutas de regressão no Brasil e no mundo não atendem o desejo da pessoa de querer saber coisas íntimas, pessoais, com outras pessoas. Nós somos dessa linha de pensamento. Se a senhora fosse fazer um tratamento comigo, eu lhe ajudaria a relaxar, a elevar a sua frequência através da Meditação e aguardaria para ver o que seus Mentores querem lhe mostrar de outras encarnações, o que Eles entendem que deve ver, o que deve saber e o que está preparada para lembrar. A partir daí, vida após vida acessada, faríamos uma avaliação do que Eles estão lhe mostrando. Fez aborto em outra vida? Não fez? Para nós, da Pscioterapia Reencarnacionista, a Regressão é como Sessões de Telão na Terra, os Seres comandam e dirigem a recordação, nós conversamos com as pessoas sobre o que foi visto e entendido. Isso é respeito às Leis Divinas.

A minha irmã fez três abortos e agora ela quer muito ter filhos e não consegue. Ela e meu cunhado pensam até em adotar uma criança, mas falaram que seria bom ver vidas passadas antes disso. O que o senhor acha?

O que eu acho não tem importância, gostaria de saber o que a sua irmã acha, o que os Mentores Espirituais dela sabem a respeito de sua trajetória, encarnação após encarnação, se ela se culpa ou não, se quer realmente ter filho ou, no fundo, não quer, enfim, a Terapia de Regressão não é fazer uma ou duas sessões de regressão, é fazer uma Psicoterapia, baseada na Reencarnação, consultas, regressões, conversas pós-regressão, durante alguns meses, é uma nova psicologia, muito profunda, e que deve ser ética. Se ela fosse minha paciente, após a conversa inicial, sugeriria a ela que viesse para uma "Sessão de Telão", deitasse, relaxasse e deixasse seus Mentores lhe mostrarem o que se encontra escondido dentro de seu Inconsciente, e, sessão após sessão, lembrança após lembrança, entendimento após entendimento, iríamos montando esse quebra-cabeça. Em algumas semanas de tratamento, ela e eu saberíamos muito mais dessa questão e eu encaminharia a Terapia para isso.

O Espiritismo condena o aborto, que a pessoa vai para o Umbral se fizer isso. Eu acho que podemos fazer o que quisermos, se não Deus não nos teria dado o livre-arbítrio. Quando eu era mais moça, fiz dois abortos e não sinto culpa nenhuma, mas minhas amigas dizem que eu vou pagar por isso. Penso em fazer a Terapia de Regressão para entender melhor essa questão, o senhor acha bom?

Eu acho bom todos nós fazermos Regressões para recordarmos o nosso passado, de alguns séculos, relembrar como foram essas vidas passadas, como era a nossa personalidade nelas, quais as tendências que tínhamos, de sentimentos, de posturas, se estamos aproveitando essas encarnações para evoluir espiritualmente ou estamos apenas passando pela Terra, subindo e descendo, subindo e descendo... E, após cada encarnação acessada, relembrarmos nossa subida para o Mundo Espiritual (período intervidas), para recordar como foi a nossa avaliação a respeito de cada descida para a Terra, do que nos orgulhamos, do que nos envergonhamos, se ficamos satisfeitos com o nosso desempenho, se ficamos frustrados com o que fizemos (e com o que não fizemos), enfim, uma grande ampliação do nosso autoconhecimento, para nos situarmos melhor nessa atual encarnação e sabermos o que devemos manter, o que devemos mudar, como devemos ser, como devemos deixar de ser. Concordo com a senhora quando diz que podemos fazer o que quisermos, acredito nisso, pois acredito no livre-arbítrio, a questão é depois deparar-se com a nossa Consciência, geralmente aqui na Terra, logo após desencarnarmos, ou quando a nossa Consciência nos levou para o Umbral ou quando chegamos lá no Mundo Espiritual e tudo se abre para nós. A estatística dos Dirigentes e Orientadores de lá é que mais de 90% de nós nos sentimos envergonhados, arrependidos e muito frustrados conosco mesmo. Quanto a pagar, não é como dizem, na verdade Deus é neutro, não julga, não cobra, não pune, apenas deixa que cada um cuide de si, o que significa cuidar do que pensa, do que sente, do que fala e do que faz. Quem nos julga, quem nos cobra, quem nos pune, é a nossa própria Consciência, e frequentemente esse veredito fica para a próxima encarnação. Então, no caso de aborto, podemos escolher vir como filho de uma mulher com tendência a abortar, e sermos abortados, de uma mãe que não gosta de ser mãe, e sermos rejeitados, todas essas circunstâncias que, para quem acredita na Reencarnação, levam às perguntas "Por quê?" e "Para quê?".

Antes de casar eu fiz um aborto e agora nasceu meu primeiro filho e ele é especial, não fala, não caminha, não se relaciona com as pessoas, me disseram que deve ser a criança que eu abortei que voltou desse jeito. Isso é muito cruel! Pode ser verdade? Queria fazer uma Regressão para saber se é mesmo ou não, aí eu me acalmo e, se for, eu aceito, o que vou fazer? Se foi isso que Deus quis, eu aceito.

O que eu posso lhe dizer? Eu não sei o seu passado, o que poderia fazer é pedir para a senhora deitar, relaxar e deixar os seus Mentores lhe mostrarem, se Eles entenderem que devem mostrar, que é ético a senhora saber, porque esse Espírito que veio como seu filho é assim, o que houve entre vocês no passado (se houve), se a senhora fez um aborto em outra vida e está "pagando" por isso, enfim, questões kármicas muito delicadas para ficar a cargo de um ser encarnado como eu decidir. Isso é serviço para Eles. Mas posso lhe dizer que, uma vez uma mãe tinha a mesma preocupação e, na Regressão lhe mostraram que esse filho é uma pessoa que ela trata quando está lá no Astral, em que ela é uma médica lá, e pediu para vir como seu filho para ela continuar cuidando dele aqui na Terra, pois o que ele tinha era retorno de atos cometidos em outras vidas. Se a senhora quiser e os Mentores dele autorizarem, pode fazer Regressões a distância para ele, ou seja, a senhora acessar vidas passadas dele, entender o seu caso, e desligá-lo dessas vidas, isso pode trazer uma melhora para ele, grande ou pequena ou nenhuma, e uma compreensão para a senhora de sua relação com seu filho. Mas tudo dentro da ética.

Capítulo 16
REGRESSÃO E SUICÍDIO

Um grande amigo meu tentou o suicídio, conseguiram salvá-lo, mas ele está sempre pensando e falando nisso. Ouvi dizer que uma pessoa que tem essa tendência já se suicidou em outra vida. Seria bom ele fazer Regressão?

Na experiência dos terapeutas de regressão, uma pessoa que, com frequência, pensa e fala em suicídio, geralmente já cometeu essa atitude em outras encarnações e é justamente o que veio melhorar nessa atual encarnação: sair do seu autocentramento, da sua autopiedade e do seu egocentrismo sofredor, e endereçar-se para as pessoas mais necessitadas, mais carentes, afetiva ou materialmente. O suicida é um filho muito ingrato, Deus lhe dá a vida, ele não quer, acredita que matando o seu veículo físico irá parar de pensar e de sentir, quando, na verdade, aí é que piora tudo, fica invisível, ninguém mais o vê, a não ser os Espíritos obsessores, que só estavam esperando ele fazer isso para levá-lo para o Umbral, e seus Mentores Espirituais (que ele não vê devido a sua baixa frequência vibratória), que gostariam de ajudá-lo, mas, muitas vezes, em respeito ao livre-arbítrio, permitem que ele seja levado para aquele lugar trevoso, para lá permanecer o tempo necessário. Praticamente, todas as pessoas com tendência suicida, nas Regressões viram que eram suicidas crônicos, e na maior parte das vezes recordaram a sua estadia nada agradável no Umbral e, depois de recordarem isso, acessar o Plano Astral e entender a sua proposta de Reforma Íntima, mais os desligamentos daquelas vidas, e com a Terapia por alguns meses, muitos mudaram completamente de atitude. Alguns abandonaram o tratamento, espero que não estejam no escuro, aqui na Terra ou no Umbral. O tratamento espiritual desobsessivo é obrigatório para as pessoas com pensamentos suicidas, muitas vezes, sem ele, uma psicoterapia não tem sucesso.

A minha irmã mais velha suicidou-se e dizem que ela foi para o Umbral, fico muito angustiada com isso. A Regressão poderia ajudá-la? Li em algum lugar que fazem Regressão para pessoas desencarnadas, isso é verdade?

Eventualmente, durante uma sessão de um grupo de Regressão a distância ocorre uma Regressão para um ser desencarnado, e isso é informado pelos Seres Espirituais ao grupo de trabalhadores. Em consultório, que eu tenha percebido, nunca vi isso acontecer, embora em uma comunicação do Mundo Espiritual em uma reunião em um grupo, disseram que nós não sabemos a amplitude do trabalho que é realizado no mundo invisível durante uma regressão, que, enquanto estamos atendendo a pessoa, Eles, muitas vezes, estão atendendo seres desencarnados que estão com ela.

Uma vizinha aqui da rua tem um filho de seis anos e ele está sempre dizendo que vai se matar, como é que pode? Ele está começando a vida! No Centro Espírita disseram que ele é um Espírito fujão, que tem de cuidar essa tendência dele. Vi no seu *site* que vocês fazem Regressão a distância, seria bom para ele?

O Mundo Espiritual chama de "Espírito fujão" a uma pessoa que tem uma tendência secular de suicidar-se ou perder-se nas drogas, lícitas (as piores a longo prazo) ou ilícitas (as piores a curto prazo). Então tem de cuidar essas tendências nele. Uma boa maneira é ninguém beber ou fumar na casa, alguém lá bebe cerveja, vinho, uísque, em todas as festas familiares, no churrasquinho de fim de semana, quando o time ganha, quando o time perde, quando está quente, quando está frio, quando está alegre, quando está triste? Se sim, como grande parte das pessoas no mundo, então ele vai beber e vai fumar, e a promessa que seus pais fizeram de ajudá-lo a mudar essa sua tendência crônica de perder-se na vida irá água abaixo. E quando a senhora fala que ele está começando a vida, não é assim, na verdade, todos nós somos seres com milhares de anos e mais alguns anos ou décadas. Uma coisa é a idade do corpo atual, outra é a nossa idade verdadeira. Ele está começando a vida nessa atual encarnação, e veio para mudar, para transformar-se, os seus pais o convidaram a descer para ajudá-lo a fazer isso e também fazerem a sua própria transformação, e a senhora sendo vizinha também tem a ver com isso, pois nada é por acaso.

CAPÍTULO 17
REGRESSÃO A DISTÂNCIA

Eu tenho um irmão que é usuário de drogas e gostaria muito que ele fizesse uma Terapia baseada na Reencarnação, com regressão, mas ele se recusa, acho que está muito obsediado, nem no Centro Espírita quer ir. Pode ser feito algo por ele?

Em relação à parte espiritual, pode fazer um tratamento para ele em um Centro Espírita a distância, com desobsessão e doutrinação de quem esteja com ele. Quanto ao tratamento psicoterápico baseado na Reencarnação, necessitaria da presença dele, para conversarmos a respeito da responsabilidade da nossa persona em uma encarnação, o quanto o nosso Espírito necessita de nós para seu crescimento e evolução, ajudá-lo a fazer uma releitura de sua infância sob a ótica reencarnacionista, enfim, conversar sobre Reencarnação, evolução espiritual, Reforma Íntima. Muitas vezes uma grande mágoa ou raiva em relação à infância, ao seu pai, ou sua mãe, faz com que uma pessoa entre no mundo das drogas, tanto as lícitas como as ilícitas, e conversas em consultório a respeito disso, por que necessitou ("pediu") esse pai ou essa mãe, e tantas outras questões relativas ao início da nossa vida nesta atual passagem, que a Reencarnação pode explicar, pelo menos pode colocar dúvidas e questionamentos quanto ao raciocínio em relação a isso, e ajudar alguém a começar a mudar sua postura mental e emocional. Em relação à Regressão, se for autorizado pelos seus Mentores, pode ser feita a distância, ou seja, alguém vir, pedirmos permissão aos seus Mentores Espirituais para que possam ser acessadas vidas passadas dele, para sabermos de onde vem a drogadição e/ou a mágoa, a raiva, a postura autodestrutiva e ele poder ser desligado daquelas situações do passado. Se for autorizado, é conveniente fazer duas ou três sessões de regressão, aliado ao tratamento no Centro Espírita, na esperança de que, com isso, em seguida ele venha à Terapia para conversar sobre o real aproveitamento dessa sua encarnação.

Um conhecido meu que mora em outro país tem um filho que bebe muito, vive na noite, só quer festa, diz que ninguém presta, que a vida é para aproveitar, que trabalho é para otário, que ele é que é malandro, mente, comete pequenos furtos. O que poderia ser feito?

É um caso complicado. Uma pessoa assim é um Espírito imaturo, autocentrado, ainda não entendeu a alegria de servir, de trabalhar pelo bem comum, está mais ligado no lazer e no prazer. Vai sofrer muito nessa vida, mas pode ser ajudado, se ele quiser. Necessitaria fazer Terapia, dessa vida mesmo ou baseada na Reencarnação, aliado a tratamento em Centro Espírita, pois dificilmente não está acompanhado de seres desencarnados similares a ele. A Regressão pode ajudá-lo a desligar-se de vidas passadas onde era parecido como é hoje. Poderia ser feita no país onde mora com um terapeuta de regressão sério e confiável, ou aqui, a distância, com alguém fazendo por ele (se for autorizado pelos seus Mentores) ou em um dos Grupos que temos em várias cidades, gratuitamente. Nós podemos imaginar como todos nós fomos em nossas últimas encarnações, vendo como somos hoje em dia. Tudo é uma continuação, cada vida é a continuação da anterior, nossa personalidade é congênita, ou seja, somos como somos porque nascemos assim. Ele é assim porque nasceu assim, é como era em suas encarnações anteriores, e mudar essas características, melhorar seus pensamentos, suas atitudes, é a meta de sua encarnação atual, é sua proposta de Reforma Íntima.

Ouvi falar de Regressão a distância. Como é que ela funciona?

Da mesma maneira que a Regressão presencial, através de um relaxamento, elevação da frequência, acesso a uma vida passada, a recordação dela, para promover o desligamento de lá. Na Regressão a distância perde-se um elemento importante que é o aspecto consciencial, o entendimento do que foi visto, a compreensão que vem de recordar encarnações passadas, lembrar como éramos lá, o que fizemos, no que acertamos, no que erramos, mas quanto ao desligamento, a sua ação benéfica é igual à Regressão presencial.

Capítulo 18
REGRESSÃO ESPONTÂNEA DURANTE O SONO

Podemos regredir quando estamos dormindo?

Isso acontece frequentemente. Quando nosso corpo físico dorme, podem acontecer vários fenômenos: o afloramento de material inconsciente, os chamados sonhos, uma Regressão espontânea para alguma situação do passado, desta ou de outras vidas, a nossa saída do corpo e consequente entrada no Mundo Espiritual, e aí vamos para onde nossa frequência vibratória nos leva e acessamos Seres espirituais de maior ou menor evolução. Frequentemente, os pesadelos são regressões para situações traumáticas de vidas passadas. Muitas vezes, são encontros espirituais fora do corpo com seres de baixa frequência, como, por exemplo, "pesadelos" de perseguição, de agressões e até "sonhos" agradáveis de sexo ou encontros amorosos. Na verdade, o sonho é uma espécie de morte, enquanto o corpo físico repousa, o Espírito se liberta, mas se mantém ligado ao corpo pelo Cordão de Prata. Uma Regressão durante o sono não nos desliga de lá, pois, quando estamos vivenciando uma situação traumática ou assustadora, acordamos e temos a sensação de que tivemos um pesadelo, mas estávamos em outra época. Os terrores noturnos frequentemente são Regressões das crianças para vidas passadas ou a ação de Espíritos obsessores.

A insônia pode estar relacionada com traumas de vidas passadas?

A insônia e outras perturbações do sono têm origem, muitas vezes, em acontecimentos assustadores ocorridos durante o sono em vidas passadas. Por exemplo, pessoas que foram sexualmente molestadas, assassinadas, que sofreram acidentes durante o sono, têm esses traumas registrados no Inconsciente, os quais agora podem provocar distúrbios. Lembro do caso de uma pessoa que me dizia que não podia dormir porque tinha de ficar sempre em alerta por medo de que algo acontecesse. Na Regressão apareceu uma vida passada em que ela era vigia em um acampamento e dormiu. Ao acordar, estavam sendo atacados e seu povo sendo morto, inclusive familiares seus. Ali começou essa crença que mantinha até hoje de que não podia dormir, tinha de ficar em alerta!

Os pesadelos, repetitivos ou não, podem ser causados por problemas de vidas passadas?

Os pesadelos podem ser o afloramento de material escondido dentro do Inconsciente, geralmente de situações traumáticas de encarnações passadas. As pessoas que acessam essas situações referem ao acordar que parecia tão real! E era real mesmo, a pessoa estava regredida ao seu passado, vivenciando aquilo. Frequentemente, após sessões de Regressão, as pessoas me dizem que já haviam sonhado com aquilo. Outro motivo de pesadelo, que não é pesadelo, é a saída da nossa consciência do corpo físico durante o sono e seu endereçamento para zonas inferiores do Astral ou até mesmo para o Umbral (Inferno), devido à baixa frequência da pessoa. Nesses casos, podem acontecer encontros espirituais com Espíritos de baixa frequência, com tentativas de agressão, perseguições, sexo, etc. A pessoa acorda apavorada, dizendo que teve um pesadelo, na verdade ela estava fora do corpo, onde a sua frequência a levou. A solução para isso é elevar sua frequência vibratória, o que pode ser feito com mais amor, mais caridade, mais humildade, menos irritação, menos materialismo, menos sexualidade deturpada e desobsessão em Centro Espírita.

Capítulo 19
REGRESSÃO E RELACIONAMENTOS FAMILIARES

Eu gostaria muito de saber por que eu e meu pai nunca nos demos bem. A Regressão pode me mostrar isso? Me aliviaria muito saber.

A Regressão poderia mostrar, pois ela é uma recordação de nossas vidas passadas, a questão é saber se tu podes ou não saber disso, se isso seria ético ou não. O Mundo Espiritual respeita muito o livre-arbítrio, então, se alguém vai a um terapeuta de regressão e faz uma solicitação desse tipo e o terapeuta atende esse desejo, a pessoa pode encontrar uma ou mais vidas passadas onde está o familiar com quem tem um conflito. Mas se essa informação deveria permanecer oculta? Seria uma infração à Lei do Esquecimento e, sendo essa uma Lei Divina, acarretaria uma responsabilidade pela transgressão, tanto para a pessoa como para o terapeuta. Ou então, encontraria uma ou mais vidas passadas em que, erroneamente, acreditaria que aquela pessoa que lá está lhe prendendo, ou matando, ou estuprando, etc., é esse familiar. E se não for? Provavelmente, a pessoa que foi procurar o terapeuta de regressão sente-se uma vítima desse familiar e veria vidas passadas em que foi vítima dele ou acreditando que era ele. E alguém viria várias vidas como vítima de alguém se nunca tivesse sido algoz?

São questões kármicas muito sérias, muito delicadas para um terapeuta de regressão decidir, alguém que fez cursos e trabalha com essa técnica, mas que não é superior a ninguém e muito menos um Ser de Luz. Eu, pelo menos, estou longe disso. Quem pode saber se é ético acessar essas informações ou não? Quem conhece essa pessoa há milhares de anos? Quem tem um grau espiritual superior para decidir se isso pode ser ou não desvendado? O Mentor Espiritual dela. Então, quem deve comandar esse processo? Esse Ser.

Quero aproveitar e colocar aqui a postura da nossa Escola, que sei que também corresponde à prática de muitos terapeutas de regressão, compromissados com o respeito à Ética na Terapia de Regressão. Nós nunca atendemos o desejo de uma pessoa nesse sentido. O máximo que fazemos é dizer a ela que podemos realizar uma Meditação, sem dirigir o processo para o que ela quer saber, e permitir que seu Mentor Espiritual lhe mostre o que pode, o que está disponível em sua memória, o que não irá infringir a Lei do Esquecimento.

Uma amiga minha fez Regressão para saber por que seu filho a odeia desde que ele era bem pequenininho, tudo ele lhe culpa. Viu que ela havia matado um homem em uma vida passada e o terapeuta insistiu para ela reconhecer quem era, e era ele! Ficou supermal, deprimida, cheia de culpa. Eu acho errado isso, o que o senhor acha?

O que eu acho? Completamente errado! Nunca faria isso, pois é uma gravíssima infração à Lei do Esquecimento, mas infelizmente alguns terapeutas de regressão fazem. Acredito que eles pensam estar fazendo um bem para as pessoas, levando-as a encontrar explicações para conflitos familiares em outras vidas, mas nenhum ser humano encarnado, a não ser, talvez, grandes Mestres encarnados podem saber o que está disponível e o que não está, do ponto de vista ético. Os terapeutas de regressão sérios e responsáveis não fazem isso. Indo para o caso, digamos que ela realmente matou um homem em uma vida passada, seria seu filho? Ela quer saber por que ela a odeia, então, acreditar que aquele homem era ele é o raciocínio mais simples. "Meu filho me odeia, matei um homem em uma vida passada, era ele!" E se não for? E se ela não matou ninguém, mas a sua necessidade de uma explicação levou-a a criar essa história? Vai passar a vida toda se culpando, um dia morre, chega lá no Mundo Espiritual, mal, doente pela culpa, e é informada de que não foi nada daquilo, que foi uma criação de sua mente... Como fica a responsabilidade do terapeuta que participou disso?

Eu tenho dois filhos e tem uma disputa entre eles, estão sempre competindo, quem é o melhor, ambos fazem terapia e estão melhorando, mas sou Espírita, acho que isso pode ser de vidas passadas. Tem como saber?

Provavelmente, eles eram rivais em uma vida passada, isso parece evidente, não precisa saber. Se Deus a escolheu para ser mãe deles, essa informação está em seu Inconsciente, e sua missão em relação a isso é ajudá-los a fazerem as pazes. Isso é suficiente, saber detalhes é curiosidade e com uma grande possibilidade de provocar uma infração à Lei do Esquecimento. Alguns terapeutas de regressão atenderiam o seu desejo, a maioria de nós, não. Cuide bem deles, veja em cada um características de personalidade que podem melhorar, ensine a eles a cooperação, a amizade, o valor da doação, cuide para que nossa sociedade materialista e seus representantes televisão e internet não amplifiquem suas ilusões de poder, de ganhar a qualquer custo, de ser um "vencedor". Essas disputas entre dois Espíritos há várias encarnações são muito comuns e Deus os manda perto um do outro, a fim de, com o tempo e a convivência, começarem a melhorar a sua relação. Ao início da encarnação, geralmente a disputa aparece, depois, com o tempo, isso pode ir melhorando, ou não... Se ambos acreditarem em Reencarnação, podem entender, em parte pelo menos, porque têm essa competição entre eles, se não acreditarem, o tempo vai ter de dar um jeito nisso. Muitas vezes, essas propostas de reconciliação demoram várias encarnações para ter sucesso, e a senhora, como a mãe escolhida por eles, e sendo Espírita, tem todas as condições de ajudá-los nessa missão.

Nós somos vários filhos, com uma irmã me dou muito bem, mas com uma outra não, parece que nem aguento ouvir a voz dela, quando a gente se abraça parece falso, tanto da minha parte como da parte dela. Isso pode ser do passado?

Poder, pode, não posso afirmar. Muitas vezes gostamos mais das pessoas com as quais nos identificamos, somos parecidos, e menos de quem somos diferentes, com gostos e hábitos diferentes. Se for isso, sugiro que perceba o que aflora de inferior de dentro de si, se é crítica, se é impaciência, se é julgamento, e assim poderá ver o que pode melhorar nessa encarnação. Nós somos gatilhos uns dos outros, aliás, essa é uma das finalidades do convívio. Outra possibilidade é que vocês duas sejam muito parecidas, uma o espelho da outra, e nós não gostamos do espelho... Se for de vidas passadas, vocês pediram para vir perto, como irmãs, para aprenderem a viver junto, para gostarem uma da outra, essa é a nossa 2ª Missão, o resgate e a busca de harmonização entre Espíritos conflitantes. Mas, para que isso ocorra, é necessário que cada uma das partes perceba primeiro as suas próprias inferioridades e cuide de melhorá-las, senão será muito difícil acontecer a harmonização. O nosso Ego tem uma característica bem própria dele: sempre acha que tem razão! O Ego é como uma criança, egocêntrica e mimada, não pode e não deve estar no comando. Mas, infelizmente, na maioria de nós, é quem comanda nossa vida. Por isso, as coisas são como são. Daí a miséria, a fome, o racismo, as guerras, as disputas, a competição, as brigas, a violência, a drogadição, coisas criadas pelas nossas crianças interiores, mas de consequências muito tristes e sérias. Devemos todos amadurecer, espiritualmente falando, aí nosso mundo vai melhorar.

Capítulo 20
REGRESSÃO E RELACIONAMENTOS AFETIVOS

Se uma pessoa tem dificuldades em relacionamentos amorosos, a Regressão pode resolver essas dificuldades?

As dificuldades de relacionamento afetivo podem, muitas vezes, ser originárias de vidas passadas, casos de solidão, de abuso físico e sexual, traumas de rejeição, de abandono, de orgulho, de medo, de sensação de inferioridade, que parece que começaram nessa vida atual, na infância, mas tudo que é forte e intenso não é desta vida, já vem no Espírito e pode ser investigado, conhecido e tratado através da Terapia de Regressão. Na verdade, as pessoas chegam, nos contam suas dificuldades, geralmente culpam seu pai ou sua mãe, ou algum antigo ou atual relacionamento afetivo, mas nas sessões de Regressão encontram a explicação lá no passado e, além de entenderem o que os incomoda, o que os afeta, o que os bloqueia, desligam-se daquelas vidas e a melhora é muito grande.

Um casal que tem dificuldades em seu relacionamento e que está aqui para algum resgate kármico deve continuar junto, apesar dos desentendimentos?

Os encontros kármicos são relacionamentos muito significativos e não é possível prever quanto tempo pode durar um compromisso que começou no passado. Porém, temos a liberdade de escolher entre continuar um relacionamento difícil ou interrompê-lo, a escolha é nossa. Muitas vezes, o casal está junto para fazer um resgate, para ambos evoluírem espiritualmente, mas a evolução deve ser feita com felicidade e não com sofrimento, com doença. Uma relação afetiva é um dos mais importantes gatilhos que podemos encontrar em uma encarnação, e geralmente é algo que o nosso Espírito pede antes de reencarnar, ou durante a encarnação, por uma necessidade evolutiva. A relação afetiva entre duas pessoas é constituída de três fases:

1ª) A fase da ilusão: nessa fase a sensação que ambos têm é de que Deus escutou as suas preces e lhe trouxe uma pessoa perfeita, um par ideal, aquilo que sempre pediu e precisou. Finalmente a felicidade está batendo à sua porta!

2ª) A fase da des/ilusão: nessa fase começamos a perceber que nem tudo são flores na relação, que amamos a pessoa mas ela tem certas características que não nos agradam, algumas tendências de sentimentos, algumas atitudes que não nos agradam, e parece que nosso castelo de cartas vai desabando... Não era mais como antes.

3ª) A fase da realidade: nessa fase já sabemos como é realmente a outra pessoa, suas qualidades, suas inferioridades, o que gostamos nela, o que não gostamos, e a relação torna-se mais madura, menos adolescente, menos fantasiosa. Raramente uma relação chega a essa terceira fase ou então chega e vai aos trancos e barrancos.

Geralmente, o que cada um não gosta no outro é justamente o que esse veio melhorar nessa encarnação, mas é difícil perceber-se isso. Cada um é o gatilho do outro, e a ação do gatilho, se não for bem entendida, e a Psicoterapia Reencarnacionista enfatiza bastante a importância dos gatilhos em uma encarnação, a tendência é a relação esfriar e, com alguma possibilidade, terminar, privando a ambos de enxergar-se melhor, de conhecer-se melhor, de saber quais as características que reencarnou para melhorar. Todo mundo tem razão...

Numa relação a dois, o ciúme doentio pode ter se originado em traições do passado? A Terapia de Regressão pode resolver esse problema?

Cada um enxerga as coisas e a vida com os próprios olhos, à sua maneira. Se alguém vê maldade em tudo, o que tem dentro de si? Quem sempre acha que vai ser traído, por que será que está sempre pensando nisso? Quem está sempre acusando alguém de estar traindo, o que se passa na sua cabeça ou na sua prática diária? Então, muitas vezes, o ciúme é reflexo da tendência do(a) ciumento(a) de ser traidor(a). Lembro-me de várias regressões em que uma pessoa muito ciumenta encontrou em outra encarnação uma traição de que foi vítima, mas em outra encarnação era o vilão. Conhece a Lei do Retorno? Quem trai, um dia será traído, não para sofrer, mas para aprender a lição do que não se deve fazer aos outros. Esta história de que ciúme é prova de amor, na minha opinião é o contrário, é prova de desamor. Quem ama realmente não tem ciúme, tem cuidado, tem carinho, quer ver o outro crescer, desenvolver-se. Quem tem ciúme, não tem amor pela outra pessoa, tem é posse e dependência, numa demonstração do seu egoísmo, autocentramento e insegurança.

Se numa vida passada a pessoa teve dificuldades em relacionamentos amorosos, com a Regressão essas dificuldades podem ser resolvidas nesta vida?

Um tratamento com regressões poderá mostrar para essa pessoa o que aconteceu em seu passado, o que ela sofreu ou o que fez outros sofrerem. No nosso Método, apenas se os Mentores Espirituais da pessoa assim o desejarem e promoverem, mas, pelo que vemos, é muito raro. Os Seres Espirituais de alto grau não gostam de nos mostrar coisas pessoais de relacionamento em vidas passadas. Teoricamente, o que sofremos é o mesmo sofrimento que já provocamos nos outros. Quando sofremos, nos vitimizamos perguntando: "Por que comigo?". Nunca achamos que merecemos. Mas quando fazemos outros sofrerem, aí sempre temos uma boa justificativa para isso. Afinal de contas, quem sofre é o outro. A Lei do Retorno faz parte da Justiça Divina.

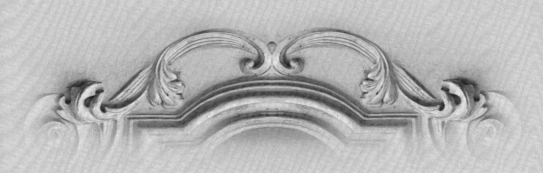

Capítulo 21
OS PIONEIROS

Neste capítulo, coloquei algumas pessoas que foram muito importantes para que a Regressão pudesse hoje em dia ser uma Terapia utilizada por centenas de médicos, psicólogos e psicoterapeutas em vários países do mundo. Aqui está um pequeno número das pessoas que merecem ser consideradas como pioneiras, mas a minha intenção é, homenageando a estes, estar homenageando a todos que dedicaram a sua vida ao estudo e à pesquisa dos fenômenos envolvendo a Reencarnação e a Regressão de Memória. Provavelmente, nenhum de nós, terapeutas que lidamos profissionalmente em nosso consultório com a Reencarnação, estaríamos fazendo isso se não houvesse existido essas pessoas em séculos passados e neste, que tiveram a coerência consigo mesmas, de afirmar a sua opinião a respeito da nossa vida eterna com passagens sucessivas pela Terra e a coragem de enfrentar resistência, ironia, ataques e ameaças de pessoas contrárias a essa concepção. Se hoje em dia ainda enfrentamos isso, imaginemos alguns séculos atrás como era. Muitos foram esses heróis, mas o maior de todos foi um homem conhecido como Allan Kardec, que, além de lutar por esse ideal, criou um movimento de pessoas em torno dele – o Espiritismo – e que, passado apenas um século e meio, alcança o número de milhões, e que a cada dia cresce mais. Então, comecemos a nossa galeria de Pioneiros com ele.

Allan Kardec

Hippolyte Léon Denizard Rivail nasceu em Lyon em 3 de outubro de 1804 e desencarnou em Paris em 31 de março de1869. Ele foi educador, escritor e tradutor e, sob o pseudônimo de Allan Kardec, notabilizou-se como o codificador do Espiritismo. O pseudônimo Allan Kardec foi adotado por ele a fim de diferenciar a Codificação Espírita dos seus trabalhos pedagógicos anteriores. Segundo algumas fontes, o pseudônimo foi escolhido por um Espírito que lhe revelou haverem vivido juntos entre os druidas, na Gália, quando então ele se chamava "Allan Kardec". Nascido em uma família de orientação católica com tradição na magistratura e na advocacia, desde cedo manifestou propensão para o estudo das Ciências e da Filosofia. Fez os seus estudos na Escola de Pestalozzi, na Suíça, e foi um dos seus mais distintos discípulos e ativo propagador de seu método, que teve enorme influência na reforma do ensino na França e na Alemanha. Aos quatorze anos de idade já ensinava aos seus colegas menos adiantados, criando cursos gratuitos para os mesmos, aos dezoito anos bacharelou-se em Ciências e Letras. Dominava os idiomas francês, alemão, inglês, holandês, italiano e espanhol. Em 1824, publicou um plano para o aperfeiçoamento do ensino público. Em 1834, passou a lecionar, publicando diversas obras sobre educação, e tornou-se membro da Real Academia de Ciências Naturais. Como pedagogo, dedicou-se à luta para uma maior democratização do ensino público. Manteve em sua residência cursos gratuitos de Química, Física, Anatomia Comparada, Astronomia e outros e lecionou Química, Matemática, Astronomia, Física, Fisiologia, Retórica, Anatomia Comparada e Francês.

Conforme o seu próprio depoimento, publicado em *Obras Póstumas*, foi em 1854 que ouviu falar pela primeira vez do fenômeno das "mesas girantes", bastante difundido à época. Sem dar muita atenção ao relato naquele momento, atribuindo-o ao chamado magnetismo animal de que era estudioso, em 1855, começou a frequentar reuniões em que tais fenômenos se produziam. Durante este período, tomou conhecimento do fenômeno da escrita mediúnica (psicografia), e um Espírito conhecido como "Zéfiro da Verdade" passou a orientar os seus trabalhos. Mais tarde, este Espírito iria informá-lo que já o conhecia no tempo da Gália, com o nome de Allan Kardec, em que Rivail havia sido um grande chefe druida, no tempo da invasão da Gália pelo Imperador Júlio César. Os druidas eram os sacerdotes do povo celta. O termo druida quer dizer "Consciência do carvalho", a árvore sagrada dos celtas. Os futuros sacerdotes, escolhidos na classe aristocrática, submetiam-se, desde crianças, a intenso aprendizado junto aos druidas mais velhos. Os druidas não limitavam a sua ação à religião, acumulando a função de juízes, professores, médicos, conselheiros militares e guardiões da cultura céltica. O cargo não era exclusivo dos homens, pois também existiam druidesas. Viviam integrados na comunidade e podiam se casar, estimulavam os homens a combater o mal e a praticar bravuras e as mulheres a serem o ponto de união entre o céu e a Terra. Júlio César os perseguiu duramente porque insuflavam a resistência ao domínio romano. Segundo o próprio Imperador, foi na Gália que ele viveu a mais árdua de suas campanhas. Os celtas dominavam diversas áreas do conhecimento humano, como a agricultura, a fitoterapia, a tecelagem, a mineração, a cerâmica, a pecuária, a metalurgia e a astronomia. No campo artístico, cultivavam a música, a poesia, a escultura, a ourivesaria e a joalheria. A filosofia religiosa dos celtas era muito avançada, acreditavam numa Divindade única, que podia ser cultuada como homem (Deus ou o céu) ou mulher (Deusa ou a Terra). Não tinham templos, os seus cerimoniais eram realizados ao ar livre, nos campos e florestas, debaixo de grandes carvalhos. Acreditavam na imortalidade da Alma, na Reencarnação, no livre-arbítrio, na Lei de Causa e Efeito, na evolução espiritual, na inexistência de penas eternas, nas esferas espirituais, na existência de elementais (duendes, fadas, gnomos, etc.) e na proteção dos Espíritos superiores.

Rivail adotou este pseudônimo, sob o qual publicou as obras que sintetizam as leis da Doutrina Espírita, dedicando-se à estruturação de uma proposta de compreensão da realidade baseada na necessidade de integração entre os conhecimentos científico, filosófico e moral, com o objetivo de lançar um olhar que não negligenciasse nem a investigação nem a dimensão espiritual e interior do Homem. Iniciou a publicação das obras da Codificação em 18 de abril de 1857, com *O Livro dos Espíritos*, o marco de fundação do Espiritismo. Em 1958, criou a Sociedade Parisiense de Estudos Espíritas. Escreveu as obras: *O Evangelho segundo o Espiritismo*, *O Livro dos Espíritos*, *O Livro dos Médiuns*, *O Céu e o Inferno*, *A Gênese* e *O que é o Espiritismo*.

Desencarnou em Paris, em 31 de março de 1869, e o seu corpo está sepultado no Cemitério do Père-Lachaise, uma célebre necrópole da capital francesa. Junto ao túmulo, erguido como os dólmens druídicos, acima de sua tumba, o seu lema: "Nascer, morrer, renascer ainda e progredir sem cessar, tal é a Lei", em francês. Em seu sepultamento, o astrônomo francês e amigo pessoal de Kardec, Camille Flammarion, proferiu o seguinte discurso, ressaltando a sua admiração por ele: "Voltaste a esse mundo donde viemos e colhes o fruto de teus estudos terrestres. Aos nossos pés dorme o teu envoltório, extinguiu-se o teu cérebro, fecharam-se-te os olhos para não mais se abrirem, não mais ouvida será a tua palavra. Sabemos que todos havemos de mergulhar nesse mesmo último sono, de volver a essa mesma inércia, a esse mesmo pó. Mas não é nesse envoltório que colocamos a nossa glória e a nossa esperança, tomba o corpo, a alma permanece e retorna ao Espaço. Encontrar-nos-emos num mundo melhor e no céu imenso onde usaremos das nossas mais preciosas faculdades, onde continuaremos os estudos para cujo desenvolvimento a Terra é teatro por demais acanhado. Até à vista, meu caro Allan Kardec, até à vista!". Sobre Kardec, Gabriel Delanne escreveu: "Substituindo a fé cega numa vida futura, pela inquebrantável certeza, resultante de constatações científicas, tal é o inestimável serviço prestado por Allan Kardec à humanidade".

Gabriel Delanne

Gabriel Delanne nasceu em Paris, em 23 de março de 1857, e desencarnou em 15 de fevereiro de 1926. Foi espírita e importante defensor da cientificidade do Espiritismo, principalmente após o falecimento de Allan Kardec. Em 1882, fundou a União Espírita Francesa e criou o jornal Le Spiritisme. Ao lado do filósofo Léon Denis, foi um importante divulgador das ideias espíritas nessa época, realizou conferências por toda a Europa, incluindo a abertura do "I Congresso Espírita e Espiritualista", em 1890. Defendia a concepção de que o perispírito estava no centro dos fenômenos espíritas e procurou distinguir mediunismo de animismo. Em 1896, fundou a Revista Científica e Moral do Espiritismo, que publicava artigos científicos e filosóficos sobre a temática espírita. Escreveu as seguintes obras: *Le Spiritisme devant la Science* (O Espiritismo perante a Ciência), *Le Phénomène Spirite* (O Fenômeno Espírita), *L'Évolution Animique* (A Evolução Anímica), *L' Âme est Immortelle* (A Alma é Imortal), *Recherches sur la Médiumnité* (Pesquisa sobre Mediunidade), *Les Apparitions Matérialisés des Vivants et des Mort* (As aparições materializados de vivos e de mortos), tomos I e II, *Documents pour servir à l'étude de la Réincarnation* (Documentos para servir ao estudo da Reencarnação), entre outras.

Utilizando o perispírito como peça central, sempre defendeu que o Espiritismo não tinha nada de sobrenatural e se baseava em fatos naturais. Entendia a existência desse corpo físico, porém etéreo, como uma ligação entre a Alma e o corpo físico. Introduziu também a noção do Fluido Vital e, embora o progresso da Ciência tenha demonstrado que algumas de suas hipóteses eram incorretas, dedicou-se a colocar o Espiritismo lado a lado com a Ciência. Afirmava: "Com a certeza das vidas sucessivas e da responsabilidade dos nossos atos, muitos problemas revelar-se-ão sob novos prismas. As lutas sociais, que atingem, nesta nossa época, um caráter de aguda aspereza, poderão ser suavizadas pela convicção de não ser a existência planetária mais que um momento transitório no curso de uma eterna evolução. Com menos orgulho nas camadas altas e menos inveja nas baixas, surgirá uma solidariedade efetiva, em contato com estas doutrinas consoladoras, e talvez possamos ver desaparecer da face da Terra as lutas fratricidas, ineptos frutos da ignorância, a se dissiparem diante dos ensinamentos de amor e fraternidade, que são a coroa radiosa do Espiritismo".

Léon Denis

Nascido em 1º de janeiro de 1846, em Foug, França, desencarnou em 12 de março de 1927. Foi um filósofo espírita e um dos principais continuadores do Espiritismo após a morte de Allan Kardec, ao lado de Gabriel Delanne e Camille Flammarion. Aos 18 anos, travou contato com *O Livro dos Espíritos* e tornou-se adepto da Doutrina Espírita, tendo desempenhado importante papel na sua divulgação, enfrentando as críticas do positivismo materialista, do ateísmo e oposições religiosas. Fez conferências por toda a Europa em congressos internacionais espíritas e espiritualistas, defendendo ativamente a ideia da sobrevivência da alma e suas consequências no campo da ética nas relações humanas. A partir de 1910, a sua visão começou a diminuir, mas isso não impediu que prosseguisse no trabalho de defesa da existência e da sobrevivência da alma. Em 1925, foi aclamado presidente do Congresso Espírita Internacional em Paris, no qual foi formada a Federação Espírita Internacional. A sua grande produção na literatura espírita, bem como o seu caráter afável e abnegado, valeram-lhe a alcunha de "Apóstolo do Espiritismo". Ao longo de sua vida, manteve estreita ligação com a Federação Espírita Brasileira, tendo sido aprovada, em 1901, por unanimidade, a sua indicação para sócio distinto e presidente honorário da instituição. Léon Denis afirmou que "A verdade assemelha-se às gotas de chuva que tremem na extremidade de um ramo, enquanto ali estão suspensas, brilham como diamantes puros no esplendor do dia, quando tocam o chão, misturam-se com todas as impurezas. Tudo o que nos chega do Alto corrompe-se ao contato com a terra, até o íntimo do santuário o homem levou suas paixões, as suas concupiscências, as suas misérias morais. Assim, em cada religião o erro, fruto da terra, mistura-se à verdade que é o bem dos céus". Dentre as suas obras, destacam-se: *Cristianismo e Espiritismo, Depois da morte, Espíritos e médiuns, Joana D'Arc, médium, No invisível, O além e a sobrevivência do ser, O Espiritismo e o clero católico, O Espiritismo na Arte, O gênio céltico e o mundo invisível, O grande enigma, O mundo invisível e a guerra, O porquê da vida, O Problema do ser, do destino e da dor, O progresso, Provas experimentais da sobrevivência, Socialismo e Espiritismo*, entre outras.

Camille Flammarion

Camille Flammarion nasceu em Montigny-le-Roi, em 26 de fevereiro de 1842, e desencarnou em Juvisy-sur-Orge, em 3 de junho de 1925. Aos quatro anos de idade já sabia ler, aos quatro e meio sabia escrever e aos cinco já dominava rudimentos de gramática e aritmética. Foi educado em Langres e começou a trabalhar com dezesseis anos de idade, no observatório de Paris, no departamento de cálculo de Leverrier. Era astrônomo, mas ocorreu a sua ruptura com os astrônomos em 1862, com a publicação do livro *La pluralité des mondes habites* (A pluralidade dos mundos habitados). A partir dessa época, Flammarion começou a escrever livros populares de astronomia que foram traduzidos para diversas línguas. Uma de suas obras mais conhecidas é *Astronomia popular*, de 1880. Editou uma série de revistas científicas e astronômicas. No fim de sua vida, escreveu a respeito de pesquisas de Física. Em 1883, fundou o observatório de Juvisy-sur-Orge, dirigindo-o pelo resto de sua vida, incentivando o trabalho de observadores amadores. Fundou a Société astronomique de France em 1887. Seus trabalhos para a popularização da astronomia fizeram com que fosse agraciado, em 1912, com um prêmio da Legião de Honra. Ele foi amigo de Allan Kardec, o codificador do Espiritismo e o escolhido para proferir o discurso à beira do seu túmulo. Ao pé do túmulo, fez um discurso em sua homenagem afirmando que o mesmo era "O bom senso encarnado". A íntegra desse discurso consta do início de *Obras Póstumas*, em edição da Federação Espírita Brasileira. Posteriormente a sua morte, começou a se dedicar ao aprofundamento teológico do Espiritismo. As obras de Flammarion, a partir de então, revelam a sua visão espírita sobre questões fundamentais para a humanidade, como se poderá constatar pelos títulos de algumas obras que constam listadas na bibliografia: *Os mundos imaginários e os mundos reais, Os mundos celestes, Estudos e palestras sobre a astronomia, Deus na natureza, Contemplações científicas, Viagens aéreas, Narrações do infinito, História do céu, No infinito, Atlas celeste, Mapas da Lua e do planeta Marte, Astronomia sideral, As estrelas e as curiosidades do céu, O mundo antes da criação do homem, As imperfeições do calendário, Os fenômenos do raio, A atmosfera e os grandes fenômenos da natureza, O desconhecido e os fenômenos psíquicos, A morte e o seu mistério,* entre outras.

Albert de Rochas

Rochas nasceu em Saint Firmin, no departamento de Hautes-Alpes, em 1837, filho de Marie Joseph Eugène de Rochas d'Aiglun, um juiz do tribunal em Briançon, e de Camille Felicitè Jayet. Estudou literatura e matemática no Liceu de Grenoble, e em seguida, em 1857, entrou na École Polytechnique , em Paris, com a intenção de seguir uma carreira militar. É considerado o pioneiro na Terapia de Regressão, autor de inúmeros livros e artigos científicos. Com o livro *As vidas sucessivas*, lançou os fundamentos da técnica de Regressão de Memória. Pesquisou pessoalmente 18 pessoas, entre 1903 e 1910, levantando não apenas a questão das vivências passadas, mas numerosos aspectos complementares e subsidiários que ainda permanecem à espera de mais amplas e profundas pesquisas. Morreu em 1914. Rochas é muito conhecido por sua extensa pesquisa parapsicológica, em que buscou encontrar uma base científica para fenômenos ocultos de diversos tipos. Seu primeiro livro sobre o assunto, *Forças indefinidas, investigação histórica e experimental*, foi complementado por numerosos livros e artigos ao longo de quase trinta anos, sobre temas como hipnotismo, telecinese, emanações magnéticas, Reencarnação, fotografia de Espíritos, etc. Realizou pesquisas sobre a hipnose e documentou o fenômeno da "externalização da sensibilidade", pela qual indivíduos hipnotizados adquirem uma maior sensibilidade a estímulos físicos a distância. Investigou outros fenômenos magnéticos como a transferência da doença de um organismo para outro, os efeitos da música sobre a emoção humana, etc. Escreveu os livros de

Parapsicologia: *A ciência dos filósofos e a arte dos milagres nos tempos antigos, Estados de hipnose profunda, Os sentimentos, a música e o gesto, Fronteiras da ciência, A externalização de força motriz, Vidas sucessivas, os documentos para o estudo desta questão*, etc.

Pierre Marie Félix Janet

Janet nasceu na França em 30 de maio de 1859 e desencarnou em 24 de fevereiro de 1947. Foi psicólogo, filósofo e psicoterapeuta. Ele foi uma das primeiras pessoas a traçar uma conexão entre os eventos das vidas passadas dos pacientes e a sua vida presente. Estudou com Jean-Martin Charcot no Laboratório de Psicologia no Hospital Pitié-Salpêtrière, em Paris, e foi responsável pela fundação da Escola Salpetrière de Hipnotismo, na França, que trouxe credibilidade à técnica. Ele publicou os resultados de sua pesquisa em sua tese de Filosofia em 1889 e em sua tese de Medicina, "*L'état des hystériques mentale*", em 1892. Formou-se em Medicina no ano seguinte, em 1893. Foi diretor do laboratório de Psicologia experimental em La Salpêtrière, nomeado por Charcot.

Em 1898, Janet foi nomeado professor de Psicologia na Sorbonne e em 1902 ocupou a cadeira de Psicologia experimental e comparativa no Collège de France, cargo que ocupou até 1936. Em 1923, ele escreveu um texto definitivo, "*La Médecine psychologique*", e entre 1928 e 1932, publicou vários trabalhos definitivos sobre a memória. Foi através do seu trabalho, naquela época, que a Regressão começou a ficar conhecida. Através dela, Janet fazia com que seus pacientes recordassem incidentes passados que tinham sido particularmente dolorosos ou excessivamente angustiados. Tais lembranças desencadeavam uma descarga emocional, que conduzia o indivíduo a uma compreensão mais profunda de si próprio e dos efeitos traumáticos em sua vida. Mas a Regressão evoluiu não só até o útero, mas aos conflitos gerados em vidas passadas. Em 1889, apresentou sua tese "*Automatisme psychelogique – essai sur les formes inférieures de l'activité humaine*", na Universidade de Paris, sobre o automatismo psicológico. A tese continha alguns dos conceitos que mais tarde seriam utilizados por Sigmund Freud, como a ideia do subconsciente, o que gerou discussões posteriores sobre a paternidade do termo. Janet classificou as neuroses e desenvolveu um método de tratá-los, que chamou "Análise psicológica". Cunhou conceitos como o de subconsciente e ideias fixas e obsessivas. Afirmava: "A ideia fixa do histérico é subconsciente, mas este termo não deve conduzir a quaisquer querelas filosóficas. O termo subconsciente expressa, simplesmente, o fato de que o paciente pode, por vezes, e outras vezes não, expressar a sua ideia obsessiva." Ele distinguiu entre os estados neuróticos de histeria e psicastenia, uma distinção que influenciou Jung nas categorias de personalidades extrovertidas e introvertidas.

Milton H. Erickson

Erickson nasceu no estado de Nevada, EUA, em 15 de dezembro de 1901, e faleceu em 1980 em Phoenix, Arizona. Vinha de uma família de fazendeiros e foi criado em ambiente rural até sua adolescência. Erickson teve poliomielite aos 17 anos, ficando totalmente incapacitado de fazer qualquer coisa a não ser falar e mover os olhos durante alguns anos. As dificuldades e dores físicas estiveram presentes durante sua vida, intercalando episódios de melhora e crises recorrentes de pólio, fazendo com que aos poucos houvesse uma degeneração progressiva de seus músculos e outras múltiplas deficiências. A história de Erickson e a sua visão inovadora de Psicoterapia é a história da superação de suas inúmeras dores e problemas de saúde. Erickson se interessou inicialmente pelo uso da hipnose no controle e manejo de dor crônica, vindo a desenvolver inúmeras técnicas para seu tratamento durante toda a sua vida. Ele afirmava que a pólio foi o seu melhor professor quanto ao comportamento humano e o seu potencial, pois ensinou a ele a força da motivação. Erickson realizou a sua formação acadêmica, recebendo o título de Bacharelado e Mestrado em Psicologia, além do título de M.D. da Universidade de Medicina de Wisconsin em

1929. Durante a sua época, o modelo de Psicologia dominante era a Psicanálise, e ele foi influenciado por esta visão, utilizou alguns conceitos descritos e analisados por Freud em termos de Inconsciente, mas, mais tarde, começou a distanciar-se do seu uso tradicional, reformulando alguns conceitos e encontrando o seu próprio modelo e método de realizar psicoterapia. Desde muito jovem, quando cursava a Universidade de Wisconsin, estimulado por uma demonstração do psicólogo behaviorista Clark Hull, ele se interessou pelo uso da hipnose no ambiente clínico e estudou-a profundamente durante toda a sua vida, propondo uma nova forma de se entender e compreender a hipnose e seus fenômenos, distanciando-se radicalmente do uso tradicional e dos mitos da época a seu respeito. Ele foi presidente fundador da American Society of Clinical Hypnosis, diretor fundador da Education and Research Foundation of the American Society of Clinical Hypnosis e diretor-fundador do American Journal of Clinical Hypnosis. Erickson foi professor associado de Psiquiatria na Wayne State University College of Medicine, foi membro da American Psychological Association e membro da American Psychiatric Association. É autor de mais de 140 artigos didáticos publicados nos *Collected Papers*, vol. I a IV, coautor de inúmeros livros, tema de outros livros, sendo considerado o pai das abordagens estratégicas breves para psicoterapia.

Hernani Guimarães Andrade

Hernani Guimarães Andrade nasceu em Araguari/MG, em 31 de maio de 1913, e desencarnou em Bauru/SP, em 25 de abril de 2003, aos 89 anos de idade. Foi um pesquisador espírita brasileiro dos fenômenos paranormais. Ainda criança, mudou-se para a cidade de São Paulo, onde, aos 16 anos de idade, tornou-se espírita. Em 1941, graduou-se em Engenharia Civil pela Escola Politécnica da Universidade de São Paulo. Recém-formado, trabalhou na Companhia Siderúrgica Nacional, em Volta Redonda. Posteriormente, fez carreira no Departamento de Águas e Energia Elétrica do Estado de São Paulo, na capital daquele estado. Com a sua aposentadoria, mudou-se para a cidade de Bauru, onde veio a falecer. Após estudar exaustivamente as obras clássicas da Doutrina (Kardec, Delanne, Denis, Bozzano, Flammarion, Crookes, Aksakoff, Richet, Crawford, Lombroso, Rochas e outros), examinou os experimentos e as teorias dos Metapsiquistas e dos Parapsicólogos, na busca da realidade e da essencialidade do Espírito. Possuía conhecimentos aprofundados de Física e de diversos aspectos das Ciências Biológicas, da Cosmologia, da Estatística e da Psicologia. Tinha apreciável domínio de várias disciplinas filosóficas, principalmente aquelas mais relacionadas com a Ciência (Lógica, Epistemologia, Metodologia de Pesquisa, Gnosiologia). Suas atividades didáticas foram muitas. Foi diretor-fundador e professor de Matemática do Ginásio Macedo Soares (Volta Redonda/RJ), professor de Física na Escola Técnica da Usina de Volta Redonda/RJ e professor-visitante na Universidade John F. Kennedy, na Argentina, onde proferiu aulas e conferências sobre Parapsicologia. Fundou, em 13 de dezembro de 1963, o Instituto Brasileiro de Pesquisas Psicobiofísicas (IBPP), onde procurou demonstrar cientificamente a existência dos fenômenos paranormais, da Regressão, da obsessão espiritual e da Transcomunicação Instrumental, além de ter realizado pesquisas laboratoriais para detectar o que denominou de Campo Biomagnético (CBM) ou Modelo Organizador Biológico (MOB). Escreveu as seguintes obras: *Teoria corpuscular do espírito, Novos rumos à experimentação espírita, Parapsicologia Experimental, A matéria psi* (Tese), *O caso Ruytemberg Rocha* (Monografia), *Um caso que sugere Reencarnação: Jacira & Ronaldo, Um caso que sugere Reencarnação: Simone & Angelina, O Poltergeist de Suzano, Morte, renascimento, evolução, Espírito, perispírito e alma, Psi quântico, Reencarnação no Brasil, Poltergeist – algumas ocorrências no Brasil, Transcomunicação instrumental, Renasceu por amor, A transcomunicação através dos tempos, Morte – Uma luz no fim do túnel, Parapsicologia – Uma visão panorâmica, Você e a Reencarnação, A mente move a matéria*, e outras.

Hermínio Corrêa de Miranda

Hermínio Corrêa de Miranda nasceu em Volta Redonda em 5 de janeiro de 1920. É um dos principais pesquisadores e escritores espíritas da atualidade. Formou-se em Ciências Contábeis, tendo trabalhado na Companhia Siderúrgica Nacional até se aposentar. É autor de cerca de 40 livros, entre eles diversos clássicos da literatura espírita, como *Diálogo com as sombras, Diversidade dos carismas, Nossos filhos são espíritos, A irmã do vizir, A memória e o tempo, A Reencarnação na Bíblia, A reinvenção da morte, Alquimia da mente, Arquivos psíquicos do Egito, As duas faces da vida, As mãos de minha irmã, As marcas do Cristo, As mil faces da realidade espiritual, As sete vidas de Fénelon, Autismo, uma leitura espiritual, Candeias na noite escura, Com quem tu andas?* (com Jorge Andrea dos Santos e Suely Caldas Schubert), *Condomínio espiritual, Cristianismo: a mensagem esquecida, Histórias que os espíritos contaram, Mecanismos secretos da história, Crônicas de um e de outro* (com Luciano dos Anjos), *De Kennedy ao homem artificial* (com Luciano dos Anjos), *Eu sou Camille Desmoulins* (com Luciano dos Anjos), *Guerrilheiros da intolerância, Hahnemann, o apóstolo da medicina espiritual, Lembranças do futuro, Memória cósmica, Nas fronteiras do além, O espiritismo e os problemas humanos* (com Deolindo Amorim), *O estigma e os enigmas, O evangelho gnóstico de Tomé, O exilado, O mistério de Patience Worth* (com Ernesto Bozzano), *O pequeno laboratório de Deus, O que é fenômeno anímico, O que é fenômeno mediúnico, Os cátaros e a heresia católica, Reencarnação e imortalidade, Sobrevivência e comunicabilidade dos espíritos, Swedenborg, uma análise crítica*, e outros. Os seus direitos autorais foram sempre cedidos a instituições filantrópicas. Na obra de Hermínio C. Miranda, destacam-se quatro opções temáticas: Cristianismo (Teologia), Mediunidade, Regressão de Memória e Reencarnação. O seu livro *Eu sou Camille Desmoulins*, aborda explicitamente a Regressão de Memória, mas isso também é abordado em outras obras suas. Em alguns livros, como *A dama da noite, A irmã do vizir e O exilado*, o autor trabalha com a Regressão de Memória nos Espíritos manifestantes. No livro *Condomínio espiritual*, analisa a Síndrome da

Personalidade Múltipla e afirma: "Se o leitor perguntar-se por que razão entra em cena a mediunidade nesta discussão, devo dizer-lhe que, a ser legítima a proposta de que são autônomas as personalidades que integram o quadro dessa patologia, é de pressupor-se no paciente faculdades mediúnicas mais ou menos indisciplinadas, mas atuantes, que permitem não apenas o acoplamento de outras individualidades ao seu psiquismo, como manifestações de tais entidades através de seu sistema psicossomático. Pela minha ótica pessoal, a Síndrome da Personalidade Múltipla não seria psicose nem neurose, mas faculdade mediúnica em exercício descontrolado".

Erlendur Haraldsson

Erlendur Haraldsson é psicólogo, pesquisador e autor de artigos e livros sobre a sobrevivência do Espírito e a Reencarnação. Fez Cursos de Filosofia nas Universidades de Edimburgo e Friburgo, na Alemanha. Fez o Curso de Psicologia na Universidade de Friburgo e de Munique, onde se formou em 1969. Fez estágio em Psicologia Clínica na Universidade da Virgínia (EUA). Obteve o doutoramento na Universidade de Friburgo em 1972. Foi pesquisador associado da Sociedade Americana de Pesquisas Psíquicas entre 1972 e 1974. Foi professor do Departamento de Psicologia da Universidade da Islândia (1973) e professor emérito da mesma universidade (1999). O Dr. Haraldsson têm percorrido o mundo entrevistando crianças que ainda em tenra idade relatam fatos que teriam ocorrido em uma outra existência. Em uma de suas viagens ao Sri Lanka, por exemplo, ele se depara com um caso de uma menina chamada Purmina Ekanayake: quando ela tinha perto de três anos, começou a contar para sua mãe sobre uma vida anterior, que teria vivido antes de nascer. Um dia, ao ver a mãe aborrecida por conta de um acidente de carro, comentou: "Não ligue para isso, mamãe. Eu vim para você depois de um acidente. Tinha um monte de ferro no meu corpo". Ela disse que era homem, trabalhava em uma fábrica de incensos e havia sido atropelada por um ônibus, motivo de seu óbito. Ela contou diversos detalhes impossíveis de serem inventados por uma menina naquela idade relacionados a essa vida anterior, como detalhes sobre as pessoas com quem se relacionava e principalmente o fato de que trabalhava com a fabricação de incensos do tipo "Ambiga" e "Geta Pichcha", marcas bem específicas daquela região. Então, um pesquisador local, Sumanasiri, começou a levantar dados próximo à fábrica que produzia essas marcas e encontrou a família de Jinadasa, um rapaz que trabalhava na fábrica e morreu atropelado dois anos antes do nascimento da menina. Em 1993, Purmina fez sua primeira visita à família de Jinadasa, ocasião em que surpreende a todos quando chama o cunhado do rapaz pelo nome exato, sem, obviamente, jamais ter tido qualquer tipo de contato com a família: "Este é Wijisiri, meu cunhado". Relatou a localização da fábrica, o nome da antiga mãe, deu detalhes sobre o número de irmãos, as marcas de incenso que eram produzidas, os carros da família e a escola. A menina ainda olhou para as embalagens e perguntou: "Vocês mudaram a cor?". A cor das embalagens havia sido alterada logo após a morte de Jinadasa. Para completar, entre outros detalhes não menos surpreendentes, o Dr. Haraldsson analisa os laudos da necrópsia do rapaz atropelado e constata que ele havia sofrido diversas perfurações por pedaços de metal na região do abdômen, local onde a menina apresenta uma série de marcas de nascença. Os detalhes e a exatidão de algumas informações desse caso são impressionantes. Ele já fez várias viagens ao Sri Lanka e ao Líbano para ouvir as histórias que as crianças poderiam lhe contar. O que há de comum nos relatos delas é uma narrativa como elas morreram: carbonizadas, vítimas de homicídio, afogadas, etc. Uma boa parte das crianças ouvidas por Haraldsson é capaz de narrar, detalhadamente, histórias de mortes violentas que teriam sofrido em outras encarnações. O Ph.D. em psicologia e professor emérito da Universidade da Islândia passou as últimas três décadas colecionando histórias de crianças sobre vidas passadas, dezenas de investigações sobre essas narrativas nesses países onde os relatos são mais numerosos, provavelmente por conta da sua religião, que acredita na Reencarnação. Ele identificou um padrão nessas narrativas. Na maioria dos casos, elas aparecem entre dois e cinco anos e são comuns os relatos de morte violenta. Algumas das crianças pedem para conhecer os familiares da suposta outra vida. Outras, vão além. "Vocês não são meus pais de verdade", foi o que Dilukshi Nissanka passou a dizer desde que tinha três anos, para a tristeza de sua família, em Veyangoda, no Sri Lanka. A menina insistia em rever a sua "outra mãe", dizendo que seu nome verdadeiro era Shiromi e que havia se afogado num rio. Depois que a história foi publicada num jornal local, os pais da garota foram contatados por uma família de outra cidade: eles contaram que, anos antes, a família havia perdido uma filha chamada Shiromi, afogada em um rio. Examinando declarações da menina antes do encontro entre as famílias, Haraldsson constatou que Dilukshi acertara várias informações sobre a família de Shiromi, como a região em que viviam, o número de filhos e a paisagem local. Haraldsson diz: "Sou um pesquisador empírico. Você pode encontrar uma grande correlação entre o que uma criança conta e a vida de alguém que morreu. Isto é um fato. O que significa já é outra questão".

Jorge Andrea dos Santos

Jorge Andrea dos Santos nasceu em Salvador, na Bahia, em 10 de agosto de 1916. É psiquiatra, escritor, conferencista e presidente de honra do Instituto de Cultura Espírita do Brasil (ICEB), sendo considerada uma das mais importantes figuras do Movimento Espírita no país. Realiza palestras em todo o Brasil, divulgando o Espiritismo como Ciência. É autor de quase 30 livros sobre os aspectos científicos da Doutrina Espírita, entre os quais: *Visão espírita nas distonias mentais, Busca do campo espiritual pela Ciência, Segredos do Espírito (zonas do Inconsciente), Nos alicerces do Inconsciente, Impulsos criativos da evolução, Forças sexuais da Alma, Psicologia Espírita, Pelos insondáveis caminhos da vida*. Considera-se no Movimento Espírita que ninguém melhor do que ele aborda o complexo tema que trata dos alicerces do Inconsciente. "Admiro o cientista, respeito o orador e leio com sofreguidão os seus artigos", disse Divaldo Franco, seu conterrâneo e amigo de décadas.

Hemendra Nath Banerjee

Banerjee nasceu em 1929 e morreu em 1985. Foi diretor do Departamento de Parapsicologia da Universidade de Rajasthan, Índia, onde iniciou uma série de investigações acerca de diversos casos de crianças que se lembravam de suas vidas anteriores, cerca de 3 mil casos catalogados. Tais casos são numerosos na Índia, bem como em diversos países do Oriente: Burma, Líbano, Sri Lanka, Turquia e outros. É autor do livro *Vida pretérita e futura: 25 anos de estudos sobre a Reencarnação,* em 1979. No livro, Banerjee afirma: "Durante anos, os pesquisadores parapsicólogos que estudam os casos de Reencarnação têm sido considerados charlatões, e seus estudos classificados como de efêmero valor. Mas, depois de mais de 25 anos de pesquisas neste campo, em que estudei mais de 1.100 casos de Reencarnação em todo o mundo, e publiquei vários trabalhos sobre o assunto, a crítica diminuiu e surgiu maior interesse. Os fatos que cada vez mais chegam ao nosso conhecimento são tão impressionantes, que agora a comunidade científica passou a considerá-los como dignos de pesquisa. Desde o começo, decidi formar um centro de estudos internacional sobre a Reencarnação. O seu objetivo seria estudar cientificamente casos de vidas anteriores em todo o mundo e coligir dados relativos aos mesmos. Minhas pesquisas de um quarto de século convenceram-me de que há muitas pessoas, nos Estados Unidos e em outras partes do mundo, dotadas de memórias diferentes, o que não se pode obter por vias normais. Chamo esse tipo de memória de 'Memória Extracerebral', porque as afirmações dessas pessoas de possuírem lembranças de vidas anteriores parecem ser independentes do cérebro, principal repositório da memória".

Ian Stevenson

Ian Stevenson nasceu em 31 de outubro de 1918, em Montreal, no Canadá, e desencarnou em 8 de fevereiro de 2007, aos 88 anos, em Charlottesville, Virgínia, EUA. Estudou nas Universidades de Saint

Andrews (Escócia) e McGill (Montreal). Nesta última, graduou-se em Medicina como o primeiro aluno da turma. Antes de trabalhar no Departamento de Neurologia e Psiquiatria da Faculdade de Medicina da Universidade da Virgínia, em 1957, como chefe do Departamento de Psiquiatria, ele trabalhou na Faculdade de Medicina da Universidade Cornell (1947-1949) e na Louisiana State University (1949-1957). Dedicou mais de 40 anos à pesquisa da Reencarnação e escreveu mais de 200 artigos e livros sobre o tema. A sua principal pesquisa incluía doenças psicossomáticas, compêndios sobre pacientes entrevistados e exames psiquiátricos. Stevenson continuou a praticar pesquisa de campo sobre Reencarnação na África, Alasca, Colúmbia Britânica, Burma, Índia, América do Sul, Líbano, Turquia e em muitos outros lugares. Os seus estudos na área parapsicológica incluem diversos temas, como telepatia, precognição, xenoglossia, experiências de quase-morte, aparições, mediunidade e fotografia psíquica, mas foi com os seus trabalhos sobre a Reencarnação que ele se tornou mundialmente conhecido. Concentrou-se no estudo de casos, em especial aqueles em que crianças pequenas informavam espontaneamente o que seriam recordações de uma vida passada. Afirmou que, em geral, algumas crianças começam a dar informações sobre uma existência anterior entre dois e quatro anos, e aos oito já não se recordam mais do tema. Cauteloso, Stevenson nunca afirmou que os seus casos comprovavam a Reencarnação, já que a Ciência ainda não está capacitada para comprovar cientificamente esse fenômeno. É autor dos livros *Vinte casos sugestivos de Reencarnação, Casos de Reencarnação vol. I: dez casos na Índia, Casos de Reencarnação vol. II: dez casos em Sri Lanka, Casos de Reencarnação vol. III: doze casos no Líbano e Turkia, Casos de Reencarnação vol. IV: doze casos na Tailândia e Burma, Onde Reencarnação e Biologia se interceptam, Crianças que lembram de vidas anteriores: em busca da Reencarnação, Casos europeus de Reencarnação, Reencarnação e Biologia: uma contribuição para a etiologia das marcas e defeitos de nascimento* e outros.

Helen Wambach

Psicóloga norte-americana, pesquisadora da Reencarnação com a utilização da técnica da Regressão hipnótica de memória, é um dos grandes nomes na área. Inicialmente motivada por um desejo de desmascarar a Reencarnação, ela fez, em meados do anos 60, uma pesquisa de cerca de dez anos em que reuniu cerca de 1.100 relatórios de pessoas regredidas a vidas passadas, um questionário bem específico sobre várias indicações da veracidade da Regressão, como as circunstâncias de vidas acessadas, a época em que afirmavam ter vivido, o tipo de moradia, de roupa, de calçado, a paisagem, o clima, a raça, o sexo, utensílios, dinheiro, etc. Elas foram muito precisas, e ela afirmou, então, que a fantasia e a memória genética não poderiam explicar os padrões que emergiram nos resultados, pois, com exceção de apenas onze pessoas, todos os relatos a respeito de roupas, calçados, utensílios, etc. foram consistentes com os registros históricos! A avaliação de suas pesquisas obteve resultados muito significativos:

1. Quanto a divergências históricas. Dos seus 1.100 casos pesquisados, descobriu que apenas 11 casos continham algumas divergências históricas, ou seja, a ausência de correlação entre o conhecimento histórico oficial da época e o relato do indivíduo.

2. Exclusão da projeção do desejo (fantasia) e personalidades famosas. Ela constatou que a quase totalidade das pessoas regredidas não relatavam terem sido pessoas famosas ou importantes, a maioria referiram vidas comuns, situações corriqueiras. A porcentagem de pessoas que afirmavam ter pertencido a classes altas ou vidas de conforto foi exatamente a mesma proporção das estimativas de historiadores da distribuição de classes naquele período.

3. Números de renascimentos correspondem à população da época. Apesar do grande aumento da população mundial ao longo dos séculos, os renascimentos em cada época e local correspondiam a tendências de crescimento populacional, um maior número de pessoas relatou ter vivido em épocas em que se sabe que habitavam um número maior de pessoas.

4. Escolha do nascimento. Dentre seus 1.100 casos, na maioria das vezes, as pessoas aceitaram voluntariamente a sua reencarnação, 81% das pessoas relatavam desejar voltar para a Terra e apenas 9% não o fizeram por livre escolha, aceitaram vir contrariados ou após a orientação dos Mentores no Mundo Espiritual.

5. Motivo da nova encarnação. Ela escutou relatos de vários motivos, os mais comuns: terminar tarefas inacabadas; corrigir erros cometidos em outras encarnações; desenvolver capacidades e/ou interiormente e espiritualmente; superar limites e/ou romper barreiras e restrições; alcançar maior aprendizado sobre várias questões; aprender a amar sem posse ou apegos; superar o medo; desenvolver a humildade; amar as pessoas verdadeiramente.

6. Escolha da época. Metade das pessoas disseram que escolheram nascer na segunda metade do século XX por que essa época apresentaria um grande potencial de engrandecimento espiritual, um período de mudanças na Terra e de elevação de níveis de consciência.

7. Escolha de sexo. Questionados sobre a escolha do gênero sexual, 76% afirmaram que essa escolha era importante para as tarefas que viriam a realizar e 24% das pessoas disseram que não haviam escolhido ou disseram que isso não tinha muita importância. Cerca de um um terço das pessoas afirmaram escolher vir como mulher pelo desejo de terem filhos.

8. Escolha de parentes e amigos. 87% das pessoas afirmaram que possuíam experiências e vínculos de vidas passadas com parentes e amigos na vida atual.

9. Entrada no corpo. 89% das pessoas responderam que não se tornaram parte do feto, ou com eles se envolveram, senão após seis meses de gestação. Mas a imensa maioria afirmou que tinham consciência dos sentimentos da mãe, antes e durante o parto. Cerca de 33% afirmaram que se uniram ao feto durante o processo de parto ou pouco tempo antes.

10. A experiência do nascimento. Helen Wambach ficou impressionada com o grande número de pessoas que relataram tristeza durante a revivência de seu nascimento. Não pela experiência traumática física do parto em si, o maior trauma era psíquico. Muitos choravam de tristeza durante a regressão ao seu nascimento, diante da expectativa das dificuldades da próxima existência, os vínculos kármicos e a limitação que o corpo físico lhes impunha, ao contrário da libertação característica da vida no Mundo Espiritual.

É autora dos livros *Recordando vidas passadas* e *Vida antes da vida*. Em 1978, ela disse: "Eu não acredito em Reencarnação. Eu sei!".

Morris Netherton

Morris Netherton é norte-americano, doutor em Psicologia. O nome Terapia de Vida Passada (*Past Life Therapy*) foi cunhado em 1967 por ele. A técnica consiste em intensificar os sintomas relacionados ao problema que a pessoa apresenta, para que ele faça uma ligação com a origem do trauma, que pode estar nesta ou em outra encarnação. Ele chama de Terapia de Vida Passada (no singular), evidenciando que nós só temos uma vida e a regressão é para o passado de nossa vida e não para vidas passadas. Ao atingir o núcleo do trauma, o Inconsciente libera o material psíquico retido (o que Freud chamou de "catarse") e, com ela, a energia psíquica retida é liberada e a pessoa sente um alívio significativo em seus sintomas, e isso traz curas físicas e psicológicas. O Dr. Netherton trabalhou oito anos no Departamento de Liberdade Condicional Los Angeles Country, como Conselheiro Supervisor, no Centro de Detenção Juvenil. Ele foi responsável por projetar a terapia de transição para jovens delinquentes processados pelo sistema judicial. Trabalhou em investigações para o Departamento de Liberdade Condicional no condado de Los Angeles. Projetou programas de tratamento alternativo para réus primários, em que usou a educação e a intervenção em crise em lugar do encarceramento. Atuou como diretor do Programa de Intervenção na Crise nos três

Centros de Detenção Juvenil do condado, durante os quais participou do desenvolvimento de procedimentos de curta duração e terapia para crianças de lares problemáticos. Foi no início dos anos 60 que Morris Netherton iniciou os seus estudos sobre a influência das encarnações passadas na atual. Em 1978, publicou nos EUA o seu livro *Vida passada – Uma abordagem psicoterápica*. Desde esta época vem ensinando a Terapia de Vida Passada em inúmeros países, como os EUA, Suíça, Alemanha, Holanda, Canadá, Índia e Brasil. Nestes mais de 30 anos de experiência em TVP, ele acumulou um dos mais respeitáveis currículos da história da Psicologia. Segundo Netherton, a memória de um evento passado, seja de outra encarnação ou não, possui três elementos principais: pensamento, emoção e sensação. Toda memória é composta da lembrança dos fatos que ocorreram e do que pensamos sobre eles, das emoções sentidas neste mesmo momento e das sensações experienciadas no corpo. A mente grava tudo o que acontece, nos seus mínimos detalhes. Uma vez gravado, este passado pode continuar repercutindo no presente. A TVP procura auxiliar o paciente a eliminar este controle do passado (originado em outra encarnação, na vida intrauterina ou nesta encarnação) sobre a pessoa no presente. Segundo ele, para tanto ela tem que atuar nos três níveis da memória: pensamento, emoção e sensação. O resultado esperado neste processo de terapia é que a pessoa possa entender melhor e redecidir suas opções de vida, possa se libertar das sensações físicas que condicionam seu corpo e das emoções que a prendem ao passado. O objetivo é limpar as cargas emocionais relacionadas ao tema trabalhado em terapia, que ainda estejam atuando negativamente no presente. Netherton trabalha muito com a Repetição das Frases com Cargas, percebendo que, com a repetição, há um escoamento das cargas emocionais. Fundou e mantém institutos de ensino nos Estados Unidos, Alemanha, Holanda, Suíça, Brasil, Canadá e Índia. Suas teorias são ensinadas em cursos de especialização em vários países. A sua obra foi traduzida para alemão, holandês, francês, português e espanhol. O criador da TVP introduziu a sua técnica no Brasil em 1982 em São Paulo, ao dirigir o 1º Seminário sobre Terapia de Vida

Passada para a formação dos primeiros terapeutas brasileiros nesta nova abordagem psicoterápica.

Edith Fiore

Edith Fiore é norte-americana, Ph.D. em Psicologia, uma das precursoras e sistematizadoras da Terapia de Vidas Passadas. Quando iniciou suas pesquisas com hipnose, logo percebeu o incrível potencial da técnica devido ao acesso rápido, simples e objetivo ao Inconsciente. Utilizava a hipnose como técnica de terapia, baseando-se principalmente na Regressão de Memória, em busca da solução dos problemas comportamentais de seus pacientes. Foi justamente esta técnica que a colocou frente a frente com o problema da possessão espiritual. Pacientes submetidos à hipnose entravam em transe profundo e isso deixava emergir comportamentos que em nada tinham coerência com a sua maneira tradicional de agir, parecendo ser outra pessoa. Além disso, outros pacientes se queixavam de ter alguém dentro deles, minando-lhes a resolução de fazer regime, de parar de fumar ou de beber, etc. Conforme ela diz, esses pacientes falavam muito abertamente dos seus conflitos, porque presumiam estar falando de duas partes diferentes da sua personalidade que estariam em guerra dentro deles mesmos. Diz: "Comecei a ouvir, a interpretar, tais observações como indícios possíveis de possessão. Desde que me dei conta desse fenômeno, descobri que pelo menos setenta por cento dos meus pacientes eram possessos e que essa situação lhes causava a moléstia". Em seu trabalho, a Dra. Edith Fiore conseguiu identificar a extensão dos efeitos da possessão em:

* Sintomas físicos: fadiga, dores, frequentemente de cabeça, incluindo as enxaquecas, falta de energia ou exaustão, insônia, alergias.

* Problemas mentais: segundo ela, grande quantidade de problemas mentais resulta da intervenção de Espíritos.

* Problemas emocionais: ansiedade, temores e fobias.

* Inclinação para as drogas ilícitas, para o álcool e para o fumo.

* Problemas relacionais e problemas sexuais.

Ela acredita que essas decorrências podem ser solucionadas com o que ela chamou de "despossessão", ou seja, fazer com que o Espírito deixe de praticar a possessão sobre sua vítima. Essa sua conclusão coincide com a opinião do Dr. Bezerra de Menezes, que afirma em seu livro *A loucura sob novo prisma* que a doença mental é provocada em mais de 90% dos casos pela ação dos Espíritos obsessores. Ela é autora dos livros: *Você já esteve aqui antes* e *Possessão espiritual*.

Como falei, ao início deste capítulo, muitas são as pessoas responsáveis pela existência e propagação da Terapia de Regressão em todo o mundo e aqui no Brasil. São verdadeiros heróis, e o seu exemplo de vida e dedicação pode ser seguido por todos nós, pois nos deram e ainda dão um exemplo de como a nossa energia pode ser direcionada para a construção de ferramentas úteis para a humanidade. São pessoas idealistas, que acreditaram que poderiam fazer mais e mais pelos seus semelhantes, sem medir esforços, sem pensar que seria cansativo, desgastante e, muito menos, inviável ou impossível. Muitas pessoas vivem como se aqui fosse um lugar de passeio, muitas vivem criando frustrações para si, muitas vivem apenas para os seus próprios interesses, muitas vivem para destruir, mas algumas vivem para os outros, para o bem comum, esses são verdadeiros heróis, abnegados, caridosos e heterocentrados.

Existem três tipos de pessoas: as que se acham mais importantes do que as demais, seja em sua vaidade, seja em suas dores, essas são os futuros discípulos. As que acreditam que os outros são tão importantes quanto elas, essas já são discípulos. E as que sabem que os outros são mais importantes do que elas, essas são Mestres.

Capítulo 22
ALGUMAS INSTITUIÇÕES DE TERAPIA DE REGRESSÃO NO BRASIL

Com as vindas de Morris Netherton ao Brasil, na década de 80, realizando seminários, cursos e treinamentos intensivos, e de Edith Fiore, iniciou-se aqui o movimento da Terapia de Regressão (TR), na ocasião chamada de Terapia de Vida Passada (TVP). Em 1987, foi criada a ABTVP (Associação Brasileira de Terapia de Vidas Passadas), o primeiro grupo oficial de estudiosos e pesquisadores da TVP no Brasil, que passou a ministrar cursos e treinamento para profissionais da área da saúde mental, cujo primeiro presidente foi o médico Livio Tulio Pincherle. Fez parte da sua constituição original Livio Túlio Pincherle, Michel Chebli Maluf, Dirce Barsottini, Elaine G. de Lucca, Maria Elisa dos Santos, Ruth Brasil Mesquita, Judith M. Sá e Benevides, Herminia Prado Godoy, Maria Teodora Ribeiro Guimarães, Maria Julia Prieto Peres, dentre outros. Hoje a ABTVP recebe outra denominação e apenas Judith Benevides continua no seu quadro de diretores. Alguns se desligaram, tais como Dirce Barsottini, Elaine de Lucca, alguns faleceram como Lívio Pincherle e Michel Maluf e alguns criaram outras entidades. Em 1989, Maria Julia Prieto Peres fundou o Instituto Nacional de Terapias Regressivas a Vivências Passadas (INTVP), utilizando a Terapia Reestruturativa Vivencial

Peres (Técnica Peres). Em 1994, Maria Teodora Guimarães fundou em Campinas a Sociedade Brasileira de Terapia de Vida Passada (SBTVP) em função de uma dissidência filosófica com a ABTVP. Em 1995, é criada a ALUBRAT. Herminia Prado Godoy, em 1998, fundou o Centro de Difusão de Estudos da Consciência. Também em 1998, foi criada na Bahia a ABTR. Em 2002 foi criado o Instituto Vita Contínua, por Milton Menezes. Em 2004, em Porto Alegre, é criada a ABPR. Vamos ver um breve resumo de cada uma dessas Escolas. Peço desculpas por alguns erros, equívocos ou omissões em relação a essas instituições, pois eu não estava lá nessa época, não participei e sou filiado apenas à ABPR, a mais recente, apenas quero aqui, neste livro, prestar a minha homenagem a essas pessoas, idealistas e pioneiras, que dedicaram e dedicam a sua vida ao estudo, investigação, ampliação e difusão da Terapia de Regressão no Brasil. Para este capítulo, pedi auxílio para alguns colegas que me ajudaram a elaborá-lo. Mais informações podem ser obtidas nos seus *sites* na internet e nos *sites* dos seus fundadores, diretores e membros efetivos.

O INTVP (Instituto Nacional de Terapia de Vivências Passadas), fundado por Maria Julia Prieto Peres, trabalha com a Terapia Regressiva a Vivências Passadas (Técnica Peres). A Técnica Peres mantém neutralidade na área religiosa, deixando que o paciente faça a interpretação em relação ao conteúdo aflorado na vivência, e trabalhando essa vivência segundo as suas crenças. Após uma entrevista inicial, se for indicada a aplicação da TRVP, o terapeuta procede às sessões de anamnese, quando há um levantamento de toda sua história e somente então as suas sessões de regressão são iniciadas. O processo se inicia pela indução a estado modificado da consciência, através do relaxamento físico e mental do paciente, faz a conexão com o seu Inconsciente, detectando traumas do passado que constituem a etiologia de seu problema atual. Através das vivências da regressão de memória, a pessoa tem a oportunidade de se conscientizar daqueles traumas do passado que lhe causaram o problema atual, revivencia aquele fato traumático, liberando o conteúdo emocional e organossensorial correspondente, extravasando e se distanciando daquela emoção através de uma catarse integrativa. Obtém-se do paciente o momento mais traumático, em que se estabeleceu uma decisão de vida (padrão negativo de comportamento) que está causando desajustes atuais. Nesse momento, o paciente tem a chance de modificar esse registro negativo que vem repetindo, criando uma redecisão com propostas de respostas mais adequadas para a autorresolução de seus conflitos. Essa técnica introduz a desprogramação das emoções vinculadas às lembranças traumáticas por padrões mais saudáveis, baseando-se em sua redecisão. Segue-se ao retorno, pelo qual o paciente é conscientizado de sua situação no tempo e no espaço, no aqui e agora (nome, data e local da sessão) e do seu estado de vigília. Em seguida, há a finalização, quando o cliente é incentivado a permanecer em profundo equilíbrio emocional e mental.

Em sessões subsequentes, o terapeuta trabalha com o paciente, integrando-o, e elabora o conteúdo aflorado em regressão, conduzindo-o a refletir sobre analogias entre os traumas vivenciados e o problema que está em pauta. Trabalha os recursos do paciente para desenvolver os primeiros passos práticos, comportamentais, no sentido de sua transformação, utilizando-se dos instrumentos adquiridos na vivência regressiva. Ele precisa aprender a lidar com essa ferramenta, um treinamento para levar à prática, ao hábito de um novo comportamento. No *site* do INTVP encontram-se os terapeutas formados e credenciados pelo Instituto: www.intvp.com.br

A SBTVP foi fundada em 1994, como uma dissidência filosófica da antiga ABTVP, por um grupo de pesquisadores interessados no estudo da Terapia de Vida Passada (TVP) e na hipótese da Reencarnação enquanto ciência. Foi criada com critérios técnicos e embasamento teórico definidos, com ênfase na chamada Técnica Padrão, sem hipnose e trabalhando com quatro pilares básicos: o caráter, a reprogramação, o ectoplasma e com a hipótese de "presenças" no set terapêutico. A sua sede é na cidade de Santos, estado de São Paulo. A sua diretoria atual é constituída de Flavio Fiorda (presidente),

Luciano Munari (vice-presidente), Davidson Lemela (diretor de cursos), Célia Werner (diretora científica), Lucia Helena Santos (diretora de ética), Neusa Passos Feijó (vice-presidente de honra) e Maria Teodora Guimarães (fundadora e presidente de honra). Na sua trajetória, muitos profissionais se destacaram com sua contribuição inestimável, entre eles, na memória, Michel Maluf, Hernani Guimarães Andrade, Fernando Rabello, William Baldwin e o pastor Nehemias Marien. Para a SBTVP, a Terapia de Vida Passada é um tratamento psicológico que se processa com regressões de memória, sessões de regressão no tempo, partindo da informação, da decodificação que o terapeuta dá ao chamado Inconsciente do indivíduo sobre o problema a ser resolvido, com a proposta de se chegar ao passado, em vivências passadas, em outras vidas, onde supostamente está a origem desse problema. Um dos objetivos básicos da Terapia de Vida Passada é tratar os traumas do passado que repercutem ainda hoje em nossas vidas. Para SBTVP, a maioria desses traumas ou, pelo menos, grande parte deles é incorporada como tais em nossa linha de vida, em nossa essência, em nosso Espírito ou como quer que se queira denominar nossa individualidade, em momentos de morte mal resolvidos onde, sob o impacto de forte emoção, costuma-se tomar decisões erradas a respeito dos acontecimentos que nos rodeiam. Parece que, ou repetimos os mesmos padrões de comportamento passados, de uma forma mais ou menos atenuada, ou fazemos e sentimos algo diametralmente oposto daquilo que já nos aconteceu, numa tentativa desesperada de fugir da tragédia final do nosso personagem. A metodologia da SBTVP lida com a espiritualidade, disserta sobre as "presenças" no espaço terapêutico, sobre a influência que elas causam na vida atual da pessoa e sobre a interação entre a "presença" e o paciente nas vidas passadas. Não é encorajado o reconhecimento da presença, deve-se apenas buscar a história, e não com quem ela ocorreu. A identificação só pode ocorrer se for espontânea. O grande objetivo, nessa abordagem da TVP, seria buscar a resignação, pois a grande maioria dos problemas, nessa visão, advém de uma postura de cobrança perante a vida, querendo que ela seja conforme os nossos caprichos". A SBTVP ministra Curso de Formação em Campinas, Bauru/SP (Lucia Helena Santos e Luciano Munari), Belo Horizonte/MG (Ivanildes Rocha), Jundiaí/SP (Claudia Puppo e Regina Helena Camillo) e Santos/SP (Davidson Lemela e Flávio Braun Fiorda). No *site* do SBTVP encontram-se os terapeutas formados e credenciados pela Sociedade: www.sbtvp.com.br

Mais tarde, a partir da SBTVP, surgiram duas outras instituições. A ANTVP (Associação Nacional de Terapeutas de Vida Passada), com sede em Campinas e núcleos difundidos pelo território nacional, cuja presidente é Maria Aparecida Fontana, formada em TVP pela ABTVP, onde ocupou cargos na diretoria como 2ª secretária e 2ª diretor-finaneiro, e também foi fundadora da SBTVP, ocupando o cargo de diretora de formação e o IBRAPE-TVP (Instituto Brasileiro de Pesquisa em Terapia de Vida Passada), com sede no Rio de Janeiro, criado em 1999, dirigido por Fátima Rodrigues e Noelly Heredia. Tem como objetivo realizar pesquisas teóricas e empíricas dentro da área e promover a divulgação da técnica. Algumas linhas de pesquisa são TVP e as concepções da ciência contemporânea (mudanças paradigmáticas), TVP e psicopatologias (validade e eficácia terapêutica), Técnicas de indução ao transe regressivo, Fenomenologia e efeitos da TVP e correlações com outros contextos experienciais (EQM, experiências transpessoais, etc.) e as Técnicas de Transformação. Há também estudos sobre Psicologia Transpessoal. O seu Curso de Formação em Terapia Regressiva tem por objetivo formar terapeutas dentro da abordagem transpessoal, privilegiando a técnica da Regressão de Memória. No seu *site* encontram-se os terapeutas formados e credenciados pelo Instituto.

O Instituto Vita Continua, criado por Milton Menezes em 2002, trabalha com a Terapia de Vida Passada. A sua Metodologia tem como principal objetivo terapêutico, não apenas a catarse ou a regressão em si, mas a necessidade de uma Transformação da Consciência do cliente em relação ao passado, que ele ainda continua a repetir na vida atual. Menezes denominou-a Terapia de Transformação da Consciência

(TTC): quando o indivíduo toma consciência dos conteúdos que estão impedindo o seu processo de crescimento, precisa empreender um processo de Transformação de forma que seus comportamentos e reações estejam alinhados com o novo propósito de sua vida. O sofrimento humano é entendido como o resultado de vivências traumáticas e/ou emocionalmente importantes experimentadas pelas pessoas anteriormente, seja em vidas passadas, na vida atual ou até mesmo em experiências intrauterinas, ficando marcadas no psiquismo mais profundo do indivíduo. O Vita Continua já formou mais de 300 profissionais em todo o Brasil, como Rio de Janeiro, São Paulo, Belém, Belo Horizonte, tem um parceria com Hans TenDam desde 2003, que vem ao Brasil para ministrar cursos, e é um dos institutos com seu Programa de Treinamento Certificado pela Earth. Organizou, em setembro de 2008, em Mangaratiba/RJ, o 3º Congresso Mundial de Terapia Regressiva, que contou, além de vários terapeutas de regressão do Brasil, com expoentes de outros países, como Aarti Khosla (Índia), Alice Cabral (Portugal), Anita Groenendijk (Holanda), Arthur Roffey (EUA), Christine Alisa (EUA), Dorothy Neddermeyer (EUA), Hans TenDam (Holanda), Marion Boon (Holanda), Mark Wentworth (Reino Unido), Newton Kondaveti (Índia), Paul Aurand (EUA), Pavel Gyngazov (Rússia), Roger Woolger (Reino Unido), entre outros. Milton Menezes tem dois livros publicados: *Terapia de Vida Passada e Espiritismo: distância e aproximações* e *O sentido do sofrimento: do desafio à superação*.

A ALUBRAT (Associação Luso-Brasileira de Transpessoal) iniciou sua trajetória no ano de 1978 em Belo Horizonte, durante o III Congresso Mundial de Transpessoal, promovido por Pierre Weil e Léo Mattos. Neste evento, lembra-se Vera Saldanha, fundou-se o ITA (International Transpersonal Association). Pierre Weil convidou Vera Saldanha e Luiz Carlos Garcia para terem uma representatividade do ITA no Brasil. No ano de 1979, trouxe a carta de Stanislav Grof, psiquiatra radicado nos EUA, e elaboraram-se os estatutos para uma Associação de Transpessoal. Na década de 80, com o advento da Terapia Regressiva no Brasil, somou forças o estudo e a pesquisa em Transpessoal. Cursos básicos introdutórios de Transpessoal foram ministrados em várias partes do Brasil, e o Prof. Mário Simões de Lisboa/Portugal propõe criar a Associação Luso Brasileira de Transpessoal. Pierre Weil é o patrono e presidente honorário e oficializa-se a fundação da Alubrat, no dia 21 de outubro de 1995. Existem Coordenadorias Regionais em São Paulo, Recife, Fortaleza, Curitiba, Londrina, São Luiz do Maranhão, Águas de Lindoia, Salvador, Belo Horizonte, Brasília, Maceió, Goiânia e em Lisboa/Portugal. No Brasil, a ALUBRAT ministra Cursos de Pós-Graduação em Psicologia Transpessoal em Campinas, Florianópolis, Porto Alegre, Porto Velho e São Paulo. Informações e contato: www.alubrat.org.br

A ABTR (Associação Brasileira de Terapia Regressiva) é uma Associação sem fins lucrativos, fundada na Bahia em 1998, com o objetivo de unir a classe de terapeutas de regressão de todo o Brasil, promovendo e apoiando cursos, palestras, encontros, seminários, congressos e eventos, com a finalidade de difundir os muitos benefícios da Terapia Regressiva a nível nacional. Seu primeiro e atual presidente é Idalino Almeida, psicanalista, terapeuta de Regressão, doutor em Psicologia, hipnoterapeuta clássico e ericksoniano. O método utilizado pela ABTR consta de:

* Ressonância, para casos em que o paciente não pode estar no consultório, pessoas em coma, sem a necessidade de estarem presentes no local, e também usada para fazer regressão a distância, através de um "piloto".

* Parceria com o Subconsciente, em que a Regressão é conduzida sob orientação do próprio subconsciente do cliente.

* Técnica de Dessensibilização de Conflitos, que trata alguns casos com mais brevidade, sem precisar de relaxamento ou hipnose, cuja técnica é o foco no conflito.

A ABTR formou grande parte dos profissionais que atuam em Salvador e cidades vizinhas, como Lauro de Freitas, Feira de Santana, Alagoinhas, Vitória da Conquista, Itabuna, Aracaju/SE, etc. Dentre vários alunos que fizeram o Curso de Formação em Terapia Regressiva, com apoio da ABTR, destacam-se Graça Carvalho, José Pedro de Almeida, Jordan Campos, Letícia Lima, Jorge Soares, Adinair Brito, Amaral Arruda, Carolina Ywata, Conceição Vasconcelos, Marísia Fraga e muitos outros. No *site* da ABTR encontram-se os terapeutas formados e credenciados pela Associação: www.abtrbrasil.org

A ABPR (Associação Brasileira de Psicoterapia Reencarnacionista) foi fundada em 2004, em Porto Alegre, pelo médico Mauro Kwitko (hoje autolicenciado do Conselho Regional de Medicina) e um grupo de alunos. O primeiro psicoterapeuta reencarnacionista a tornar-se ministrante de curso foi Ricardo Faerman, depois dele, a Anelise Lopes, em seguida Sirlene Alves, Bruno Gimenes, Patrícia Cândido e, um a um, foram chegando os idealistas listados mais abaixo. A Psicoterapia Reencarnacionista, também chamada de "A Terapia da Reforma Íntima", é a fusão da psicoterapia com a Reencarnação, um tratamento de alguns meses de duração, que trabalha com a noção de "Personalidade Congênita" (termo encontrado no livro *Obreiros da Vida Eterna*, de André Luiz). As suas sessões de regressão são comandadas pelos Mentores Espirituais das pessoas, que, como se fosse o Telão do período intervidas aqui na Terra, oportunizam o acesso das pessoas a algumas encarnações passadas com duas finalidades:

a) A recordação dessas encarnações: com a rememoração ultrapassando o momento da morte, abrangendo o desencarne, a subida e a estadia no Mundo Espiritual (período intervidas), até que todas as ressonâncias da encarnação passada acessada tenham desaparecido (Ponto Ótimo), possibilitando, assim, à pessoa recordar a avaliação que fez daquela encarnação, frequentemente a sua frustração consigo mesmo, e a identificação do padrão comportamental repetitivo, encarnação após encarnação (Personalidade Congênita), e o objetivo da nova descida para a Terra, o que leva ao entendimento da sua atual proposta de Reforma Íntima.

b) O desligamento das encarnações passadas acessadas: somadas à encarnação atual, elas reforçam nosso secular padrão comportamental, e o desligamento (pela recordação desde a situação acessada até alcançar o Ponto Ótimo) traz um desligamento da sintonia com o passado e a consequente melhoria de características negativas de personalidade e tendências de sentimentos e atitudes, e uma melhoria ou cura de sintomas focais lá originados (fobias, pânico, depressão severa, dores físicas crônicas, etc.)

A regressão pelo Método ABPR não é direcionada para a queixa ou os sintomas da pessoa e, sim, independentemente do motivo da consulta, é utilizado um procedimento-padrão de relaxamento e elevação da frequência (Meditação), oportunizando que os Mentores da pessoa direcionem a recordação para a encarnação que entendam necessite ser acessada, para o momento do passado que entendam mais apropriado. Nunca é incentivado o reconhecimento de pessoas no passado, respeitando a Lei do Esquecimento.

A ABPR tem Cursos de Formação em sete estados do Brasil (Rio Grande do Sul, Santa Catarina, Paraná, São Paulo, Rio de Janeiro, Bahia e DIstrito Federal / Brasília). Atualmente, são 20 ministrantes de curso, nas seguintes cidades:

* Alfredo Pereira (Carazinho/RS)

* Aline Elisângela Schultz (Santa Cruz do Sul/RS)

* Ana Maria Ruschel (Passo Fundo/RS)

* Anderson Sandini (Porto Alegre e Canoas/RS)

* Anelise Lopes (Porto Alegre/RS, Caxias do Sul/RS e Santa Maria/RS)

* Bruno J. Gimenes (Nova Petrópolis/RS, Gramado/RS, Santa Cruz do Sul/RS e Carlos Barbosa/RS)

* Cátia Bazzan (Carlos Barbosa/RS, Nova Prata/RS e Canela/RS)

* Denise Carillo (São Paulo/SP e Santo André/SP)

* Jakeline Caldart (Porto Alegre/RS e Canoas/RS)

* Juliana Vergutz (Salvador/BA e Brasília/DF)

* Maria Cristina Tamborim (Erexim/RS)

* Marlene Klitzke (Passo Fundo/RS)

* Mauro Kwitko (Porto Alegre/RS, Curitiba/PR, São Paulo/SP, Rio de Janeiro/RJ, Salvador/BA e Brasília/DF)

* Patrícia Cândido (Nova Petrópolis/RS, Gramado/RS, Carlos Barbosa/RS e Santa Cruz do Sul/RS)

* Paulo Henrique Pereira (Carlos Barbosa/RS, Nova Prata/RS e Canela/RS)

* Rejane Acosta (Porto Alegre/RS)

* Ricardo Faerman (Porto Alegre/RS, Caxias do Sul/RS, Erexim/RS e Santa Maria/RS)

* Roberto Tadeu Soares Pinto (São Paulo/SP e Santo André/SP)

* Simone Ferreira (Santa Catarina)

* Sirlene Alves (Florianópolis/SC e Videira/SC)

A ABPR tem profissionais trabalhando com a Psicoterapia Reencarnacionista e a Regressão Terapêutica em 11 estados do Brasil, em mais de 100 cidades. No seu Portal encontram-se os Cursos e os terapeutas formados e credenciados pela Associação: www.portalabpr.org.

Capítulo 23
ALGUNS TERAPEUTAS DE REGRESSÃO NO BRASIL

Esse livro não é um Guia de profissionais de Terapia de Regressão no Brasil, e, portanto, não apresenta uma listagem completa dos terapeutas de regressão no Brasil. O que, aliás, talvez fosse até impossível, tantos são os médicos, psicólogos e psicoterapeutas que estão atualmente trabalhando com essa Terapia. Os nomes que escolhi para compor esse capítulo não são da nossa Escola (veja ABPR no capítulo anterior), são alguns que conheço pessoalmente ou que conheço pelo seu trabalho há muitos anos em prol da sedimentação e divulgação da Terapia de Regressão aqui no Brasil. Já vou, antecipadamente, pedindo minhas mais sinceras desculpas aos terapeutas que esqueci ou que não conheço, que não constam neste capítulo. Centenas de outros terapeutas de regressão mereceriam estar aqui, quem sabe quando existir uma Federação Brasileira de Terapia de Regressão poderá ser confeccionado um Guia para as pessoas interessadas em conhecer profissionais para realizar um tratamento com a Terapia de Regressão. Então, pedindo, antecipadamente, minhas sinceras desculpas aos colegas que aqui não estão, coloco alguns profissionais, em ordem alfabética, que representarão neste livro todos os terapeutas de regressão brasileiros. A pesquisa aqui colocada foi feita em *sites* no Google, a sua biografia, formação, citações a respeito do seu trabalho, livros editados, etc.

Antônio Veiga

Antônio Veiga é mestre em Psicologia Clínica, pela PUCRS. É diretor do Instituto de Psicologia Clinica e Pesquisa no Desenvolvimento Humano e professor de Pós-Graduação. O ensino tem como foco seu método de Terapia de Revivência Transpessoal (TRT), a partir de uma técnica, também própria, de Regressão de Memória. Segundo suas palavras: "Trabalho com o referencial teórico da Psicologia Transpessoal, que é um modelo emergente para o entendimento e atendimento do sofrimento humano que possibilita acesso aos níveis mais profundos do Inconsciente. A TRT é um modelo psicoterapêutico catártico, que tem por objetivo drenar a carga emocional reprimida no Inconsciente, em tempo próximo ou remoto, responsável pelos transtornos que geram sofrimento na vida presente do indivíduo, possibilitando a ampliação da consciência sobre as reais causas que originaram tais transtornos. É mais uma variável agregada aos princípios da Psicologia Transpessoal".

Camila Sampaio

Camila Sampaio nasceu em 1979, em São Paulo. Realiza atendimentos com Terapia de Vidas Passadas e Florais Havaianos. Bacharel em História pela USP em 2001, bacharel em Psicologia pela UNIP em 2006, terapeuta de Vidas Passadas formada por Marcio Godinho e J. S. Godinho, realizou cursos de especialização com Hans TenDam, terapeuta floral (sistema havaiano), formada por Flavia Valentim. Segundo ela: "A partir da anamnese, vamos investigar quantas vidas passadas estão afloradas, influenciando a pessoa, e iremos trabalhar uma a uma. A cada vida iremos entender em que contexto tudo ocorreu, qual era a visão de mundo daquela época, quais foram os fatos, o que ficou gravado no psiquismo da pessoa. A partir disso, verificaremos qual a influência que essa vida traz para o presente, qual aprendizado tinha que ter sido cumprido por lá e não foi, e qual redirecionamento é importante hoje para que essa energia seja harmonizada. Todo esse processo envolve uma catarse, ou descarga de energia, tanto física quanto mental. A pessoa vai tendo entendimentos dos porquês de sua vida, coisas que ela nem imaginava que estão presentes no seu cotidiano e têm uma causa mais remota". Ela é autora dos livros *O fio de Ariadne: abordagens da Terapia de Vidas Passadas*, *Era uma vez: Terapia de Vidas Passadas com crianças*, *O amor nunca morre* e *Desculpas não bastam*.

Célia Resende

É uma das precursoras da Terapia de Vidas Passadas no Brasil, trabalhando nessa área há mais de vinte anos. Ela é responsável pelos cursos de Regressão de Memória e Vidas Passadas na Unipaz (Universidade para a Paz). Trabalha com a Psicologia Transpessoal. Estudou Psicologia Oriental, Bioenergética, Parapsicologia, Projeciologia, Kardecismo e Umbanda, Regressão de Memória, Florais de Bach, Meditação e Zen-Budismo. Segundo ela: "A Terapia de Vidas Passadas leva o paciente a reviver os traumas do passado, liberando-o dos bloqueios que atrapalham o seu desenvolvimento na vida atual. Assim, acontece uma expansão de suas capacidades e a gradativa eliminação dos sintomas que o afligem no presente. Cada experiência deve ser passada e repassada nos mínimos detalhes, para se obter a máxima compreensão possível e liberar, assim, a carga emocional relativa a cada vivência, até que se atinja o trauma básico. É preciso ter determinação e persistência para atravessar o processo de deslocamento dos traumas registrados na zona inconsciente para o consciente. Isso exige a vivência de algumas etapas: confronto, aceitação, vivência, descargas das energias bloqueadas (que provocam os sintomas) e, finalmente, a compreensão e a libertação dos vínculos com o passado. É importante tomar consciência das influências que as subpersonalidades vividas no passado têm sobre a personalidade atual, isso ajuda a identificar as dificuldades para atingir metas e realizações no presente. Da mesma forma como interagimos com outras consciências no mundo físico, isso acontece em relação à interação com as múltiplas dimensões espirituais, tanto positivas quanto negativas". É escritora e conferencista. Realiza cursos de formação profissional, palestras e grupos, no Brasil e no exterior. É autora de *Terapia de Vidas Passadas: uma viagem no tempo para desatar os nós do Inconsciente, Nascer, morrer, renascer: memórias de pacientes de TVP, Siga em frente* e *Síndrome do Pânico tem cura*.

Davidson Lemela

Davidson Lemela é psicólogo, terapeuta, supervisor, orientador e diretor de Cursos da SBTVP. Nasceu em 1953, na cidade de Santos/SP. Cursou Psicologia na Universidade Católica de Santos e fez pós-graduação em Terapia de Vida Passada pela SBTVP, onde exerce atualmente o cargo de diretor científico. Espírita há mais de 30 anos, tornou-se um estudioso das obras de Kardec, bem como de outros autores que complementam a Doutrina. Como supervisor de cursos de formação na SBTVP, promove palestras e realiza grupos, tanto com abordagem espírita como de temas ligados à Terapia de Vida Passada, além de atender em consultório particular. Segundo ele: "A análise através da TVP não desqualifica a abordagem referente à Psiquiatria tradicional, porém a amplia, uma vez que acrescenta a dimensão espiritual do ser humano, quando considera as milhares de vidas que ele já viveu no passado. Essa dimensão desfaz um engano cometido pela orientação tradicional, visto que admite que somos hoje consequência de nossas experiências de passadas existências e que nossa personalidade vem se estruturando como resultado daquilo que construímos para nós em decorrência das escolhas que fizemos. Portanto, a dor, o trauma, a raiva e todo o nosso comportamento são o reflexo de nosso mundo interior, povoado hoje de fantasmas e medo. Desse modo, seria pueril desconsiderar essa realidade espiritual, pelo menos como hipótese de estudo, porquanto não existe mais espaço atualmente para negá-la, principalmente em um contexto em que estão em pauta os distúrbios psicológicos do ser humano. A tese da Reencarnação precisa, urgentemente, ser absorvida pelas estruturas arcaicas do pensamento materialista e incorporada a um novo modelo clínico que garanta se chegar à verdadeira etiologia de nossas dores, propondo uma cura definitiva." Lemela é autor dos livros *O disfarce da memória* e *A escolha do amor*.

Elaine de Lucca

Elaine Gubeissi de Lucca é psicóloga, trabalha com Terapia de Vidas Passadas desde que essa prática chegou ao Brasil. Sendo Espírita, ela se identificou imediatamente com essa Terapia, que se baseia na Reencarnação e oferece um tratamento profundo em um curto período de tempo. Segundo suas palavras: "A TVP é uma Terapia que vem ajudando as pessoas, de uma maneira extremamente rápida, a combater sintomas os mais variados, como fobias, pânico, insônia, depressão, problemas de relacionamento, dores como as enxaquecas, etc. Acredito que tudo o que ocorre em uma vida presente é efeito de vidas passadas, nós somos a somatória daquilo que vivemos e a Regressão leva ao núcleo dessa problemática. É uma Terapia capaz de conscientizar os pacientes da realidade de que é possível viver melhor, libertando-se dos conflitos e desequilíbrios, além de demonstrar a veracidade de todo o conhecimento e vivência espiritual". É autora dos livros *A evolução da Terapia de Vida Passada*, *As faces do Invisível* e *Amor Perfeito, ele está ao seu alcance*".

Flávio Braun Fiorda

Nasceu na cidade de São Paulo, em 15 de outubro de 1972. Formado pela Faculdade de Medicina na Fundação Lusíada, em Santos/SP, especializou-se em Psiquiatria na Clínica Cristália, em Itapira/SP, e em Terapia de Vida Passada na Sociedade Brasileira de Terapia de Vida Passada. Trabalhou nas Associações Médico-Espíritas em níveis local, nacional e internacional. É presidente da Sociedade Brasileira de Terapia de Vida Passada (SBTVP), que foi fundada pela Dra. Maria Teodora Guimarães, em 1994, psiquiatra espírita. Ministra o Curso de TVP da SBTVP e dá aulas na Unisanta (Universidade Santa Cecília), no curso de aperfeiçoamento em pós-graduação "Bases da Integração Cérebro-Mente-Corpo-Espírito", organizado pela AME-Santos. Dirige, junto com sua esposa, o Departamento de Comunicação da AME-Brasil. Segundo ele: "A Terapia de Vida Passada é uma abordagem psicoterápica que tem como princípio teórico básico a hipótese científica da Reencarnação e utiliza a Regressão de Memória como a técnica base de tratamento. A Terapia de Vida Passada admite a existência de um Inconsciente que, quando bem acessado pela técnica de Regressão de Memória, permite levar o paciente a entrar em contato com lembranças relacionadas a fatos da vida atual ou relacionadas a existências pregressas e que tenham estreita ligação com seus problemas psíquicos e/ou somáticos do momento presente. Esse acesso é possível pela criação de um estado alterado de consciência, mas sem a necessidade do uso da hipnose".

Heloísa Garbuglio

É psicóloga clínica. Trabalha com a Terapia Regressiva (TR), como uma técnica utilizada no processo psicoterápico, que possui uma metodologia própria, embasada nos conceitos da Psicologia e da Hipnose, vindo aprofundar as teorias psicológicas existentes. Segundo ela: "A conduta técnica e psicoterápica em TR tem como objetivo acessar o Inconsciente profundo, promovendo a eliminação de sintomas e bloqueios que interferem prejudicialmente na vida do indivíduo, quer sejam eles de origem somática, emocional, energética ou mental, resultantes de conflitos e traumas provenientes de acontecimentos passados. Trata terapeuticamente problemas de ordem pessoal, interpessoal, transpessoal, como também distúrbios psíquicos, anímicos, comportamentais e físicos. A Terapia Regressiva é um ramo da Psicologia Transpessoal e não está associada a práticas místicas, espirituais, adivinhatórias ou religiosas. A regressão de memória é a técnica que a Terapia da Regressão utiliza para trazer à memória o trauma original. As emoções que geraram esses fatos do passado ficaram gravadas em nossa memória inconsciente, e podem estar influenciando positiva ou negativamente a vida atual do paciente. Esta ação conscientizadora prevê, para sua eficácia, a transformação do indivíduo, tanto no âmbito pessoal como no familiar, o que possibilitará ao paciente rever seu sistema de crenças e valores".

Herminia Prado Godoy

Psicóloga com graduação pela Universidade Paulista em 1978, Doutorado em Educação/Currículo pela Pontifícia Universidade Católica de São Paulo, Mestrado em Distúrbios do Desenvolvimento pela Universidade Presbiteriana Mackenzie, Ph.D. em Terapia da Regressão pela AAPLE-USA. É especialista em Psicologia Clínica e Forense. Atua como psicóloga clínica desde 1979 e é professora em cursos de pós-graduação desde 1988. Coordena o Grupo de Estudo sobre Consciência, participa do Grupo de Estudos de Hipnose, do Grupo de Estudos e Pesquisa em Interdisciplinaridade, do Grupo de Estudos sobre a Interdisciplinaridade e Espiritualidade na Educação, do grupo Phoenix e do Grupo Crescer. É professional member da International Association for Regression Research and Therapies, Inc., psicoterapeuta credenciada pelo *International Board for Regression Therapy, Master Therapist pela Association for the Alignment of Past Life Experience, Doctor of Philosophy and Technique in Teaching using the Netherton Method of Past Life Therapy pela Association for the Alignment of Past Life Experience*. Para ela, o princípio teórico básico da Terapia da Regressão está fundamentado na Reencarnação e incorpora conceitos pertinentes às várias ramificações da Ciência Psicológica e tem a característica de possibilitar uma ampliação dos conceitos de várias modalidades de terapia, tornando-se facilitadora de novas intervenções dentro do contexto de atuação do terapeuta. Herminia Prado Godoy é autora dos livros *Terapia de Regressão: teoria e técnicas* e *Inclusão de alunos portadores de deficiência no ensino regular paulista.*

Hugo Lapa

Hugo Lapa nasceu em 1977, no Rio de Janeiro. É formado em Psicologia pela UNESA/Rio de Janeiro, em 2004, terapeuta de Vidas Passadas formado por Camila Sampaio. Segundo Lapa: "A Terapia de Vidas Passadas é uma teoria, método, técnica e abordagem terapêutica fundamentada na hipótese do regresso ou acesso a conteúdos que transcendem a memória imediata e ordinária, direcionando a consciência para uma instância inconsciente onde estão gravados registros mnemônicos, informações, afetos, crenças, sentimentos, etc. que influenciam na personalidade atual do indivíduo, afetando sua integridade física, emocional, mental e espiritual. Ela nos ajuda a reviver nossas encarnações anteriores e tratar bloqueios, sintomas, sofrimentos, fobias, dores e vários outros problemas. É uma terapia rápida, objetiva e muito eficiente, porque a regressão nos coloca de frente com a raiz do problema. Ela nos auxilia a ter uma vida melhor, mais feliz e satisfatória. Entendendo nosso passado, podemos viver melhor nosso presente, desfrutando cada momento com equilíbrio, paz e tranquilidade. Somos um ser espiritual tendo uma experiência num corpo físico. Podemos viver a plenitude da vida descobrindo quem somos e o que viemos fazer aqui na Terra". É autor dos livros: *Tratado de Terapia de Vidas Passadas* e *Regressão e Espiritualidade: novos caminhos da Terapia de Vidas Passadas.*

Idalino Almeida

Doutor em Psicologia Clínica, há cerca de 40 anos atua na área da Terapia Regressiva, Psicanálise, Hipnoterapia Clássica e Ericksoniana. Participou de grupos com Brian Weiss, no Rio de

Janeiro, e do 1º Workshop de Roger Woolger em Salvador, onde reside desde 1991. Ao longo de sua carreira, desenvolveu várias técnicas, como a Ressonância, a Parceria com o Subconsciente e a Técnica de Dessensibilização de Conflitos. É presidente da ABTR (Associação Brasileira de Terapia Regressiva), com sede na Bahia, fundada em 1998. É criador do Movimento CNTR (Congressos Nacionais de Terapia Regressiva), ideia que nasceu durante o 3º Congresso Mundial de Terapia Regressiva, realizado em 2008, no Rio de Janeiro, contando com o apoio de alguns terapeutas de regressão, nascendo, assim, o I Congresso Nacional de Terapia Regressiva, realizado em 2009, em Salvador, o II Congresso em São Paulo em 2010, o III Congresso em São Luís do Maranhão em 2011 e em 2013, acontecerá o IV Congresso no Rio de Janeiro. Ministra Curso de Formação em Terapia Regressiva, com apoio da OTHB (Ordem dos Terapeutas Holísticos do Brasil). Segundo ele: "A Regressão de Memória é uma técnica terapêutica transpessoal, baseada nas lembranças, que busca a reconciliação com a causa que dispara o gatilho do conflito. A ideia é ressignificar os 'nós' existentes no Inconsciente. A Regressão visa explorar e liberar bloqueios emocionais e complexos mentais, assim como muitas outras terapias, a diferença da Regressão, entretanto, está em sua maior capacidade para alcançar recordações arquivadas nos porões do Inconsciente. Durante o estado alterado de consciência, os conteúdos ligados ao conflito, que estão arquivados no Inconsciente, vêm ao palco da consciência, tornando-os conscientes. Vale lembrar que só são afloradas as lembranças que o cliente está preparado para vivenciar e elaborar, ou seja, transformar as lembranças em conteúdo terapêutico". É escritor e autor dos livros: *Reflexões: em que mundo vivemos?* e *Em que Deus cremos?*

João Carvalho Neto

João Carvalho Neto nasceu na cidade do Rio de Janeiro, em 3 de novembro de 1957, residindo hoje na cidade de Saquarema. É psicanalista, psicopedagogo, terapeuta floral, psicoterapeuta reencarnacionista, mestre em Psicanálise. Escreveu a tese "Fatores que influenciam a aprendizagem antes da concepção", publicada na Revista da Associação Brasileira de Psicopedagogia. É autor do trabalho "Estruturação palingenésica das neuroses", apresentado no 3º Congresso da Associação Médico-Espírita do Brasil. É autor do Modelo Teórico para Psicanálise Transpessoal, apresentado no 3º Congresso Mundial de Terapia Regressiva e no I Congresso Brasileiro de Terapia Regressiva. Trabalha com a Psicanálise Transpessoal, associando as técnicas psicanalíticas com a Terapia de Vidas Passadas e a Terapia Floral. Para ele, "Tratar os traumas de vidas passadas, pela hipnose regressiva, através da revivência dos conflitos anteriores não resolvidos, é fazer a catarse das emoções que lhes estão associadas, diminuindo assim os sintomas e trazendo a consciência e a transformação necessária a respeito das crenças e traços de caráter que foram os causadores desses conflitos. O mais importante seria, então, erradicar os traumas anteriores à atual existência que permanecem reprimidos e atuantes no Inconsciente, mas, principalmente, entender por que o psiquismo respondeu daquela forma patológica aos estímulos exteriores conflitantes, para que essas reações patológicas não continuem se repetindo nas vidas sucessivas". É autor dos livros *Psicanálise da alma* e *Casos de um divã transpessoal*.

Jordan van der Zeijden Campos

É natural de Salvador/Bahia, terapeuta transpessoal sistêmico (TTS) e iridólogo. Master em PNL, músico e escritor. Estudou Pedagogia, Psicologia e Filosofia. Utiliza abordagem direta ao Inconsciente, Terapia Regressiva, Reprogramação mental, Iridologia, Constelação familiar, entre outras ferramentas em sua prática clínica. Membro da ABTR (Associação Brasileira de Terapia Regressiva), da OTHB (Ordem dos Terapeutas Holísticos do Brasil) e da AMI (Associação Mundial de Irisdiagnose), possui ainda formação livre como terapeuta floral. Conferencista e palestrante internacional. Diretor da empresa Intercessio Consultoria Transpessoal Ltda. Autor e presidente do projeto "Farmácia da Alma". Fundador do grupo PA ("paniquentos" anônimos) que visa reintegrar, familiar e socialmente, as pessoas com Transtorno do Pânico. Criador e diretor do curso de formação em Terapia Transpessoal Sistêmica (TTS). É autor dos livros *Muros de Vento: a verdadeira jornada da alma* e *Entrevista com o Pânico: uma viagem aos bastidores dos transtornos ansiosos*.

José Pedro de Almeida

Nasceu em 27 de julho de 1953, em Campo do Brito/SE. É Terapeuta de Regressão, formado pela Associação Brasileira de Terapia Regressiva, Terapeuta Holístico, Reikiano níveis I, II e III – A, formado pelo Instituto Brasileiro de Pesquisas e Difusão do Reiki/RJ, Certificado na Arte de Jin Shin Jyutsu Fisio-Filosofia (por Iole Lebensztaj e Wayne Hackett), ex-instrutor do Curso de Formação de Oficiais do Quadro Complementar da Escola de Administração do Exército. É diretor do Viver Melhor – Terapias Holísticas, em Salvador e Piatã/ BA, onde realiza tratamento terapêutico, palestras e vivências de expansão de consciência destinadas à integração do Ser. Integrante atuante do MPVEC (Semente Estelar), cujas atividades visam incentivar o despertar da consciência e a busca pelo autoconhecimento, desenvolvimento pessoal e espiritual. Desenvolve há sete anos um trabalho com "Ressonância Pessoal", tratamento e cura do Inconsciente a distância, indicado quando há necessidade de terapia e não existe possibilidade de fazer o tratamento diretamente com o cliente.

Maria Julia Prieto Peres

Maria Julia Prieto Peres é médica psiquiatra, de São Paulo, e uma das pioneiras da TVP no Brasil. Ela é a criadora do Instituto Nacional de Terapia de Vida Passada. Sistematizou a "Terapia Regressiva

Vivencial Peres – Técnica Peres" que, como uma psicoterapia, mantém neutralidade na área religiosa, respeitando a interpretação que o paciente faz em relação ao conteúdo aflorado na vivência, e trabalhando essa vivência segundo as crenças do paciente. Após uma entrevista inicial, se for indicada a aplicação da TRVP, o terapeuta procede às sessões de anamnese, quando há um levantamento de sua história. Através das vivências da Regressão de Memória, a pessoa tem a oportunidade de se conscientizar daqueles traumas do passado que lhe causaram o problema atual, revivencia aquele fato traumático, liberando o conteúdo emocional e organossensorial correspondente, extravasando e se distanciando daquela emoção através de uma catarse integrativa. Obtém-se do paciente o momento mais traumático, em que se estabeleceu uma decisão de vida (padrão negativo de comportamento) que está causando desajustes atuais, quando, então, tem a chance de modificar esse registro negativo que vem repetindo, criando uma redecisão com propostas de respostas mais adequadas para a autorresolução de seus conflitos (desprogramação).

Martha Mendes

Pedagoga com especialização em Administração escolar pela Faculdade de Educação Campos Salles. É autora da Psicobiosofia (O Caminho para o Autoconhecimento: a jornada em busca do Eu – um grupo de estudos, de autoconhecimento, que visa aplicar a Filosofia no dia a dia, integrando o corpo, a mente e o Espírito com o objetivo de proporcionar o autoconhecimento, que permite encontrar o caminho da felicidade, da realização, da responsabilidade por si mesmo. É um trabalho de autocura, a cura da consciência, a construção do conhecimento de si mesmo. Tem formação em Florais de Bach, Cromoterapia, Reiki Máster, Arteterapia para crianças e adolescentes, Controle Mental, EMDR, Psicanálise, Mestre em Bioeletrografia, Hipnose e Terapia Regressiva, Hipnose Ericksoniana, Neuropsicologia, Hipnose Clínica, Hipnose

Clínica Reparadora, Psicoterapia Reencarnacionista e Regressão Terapêutica, pós-graduação em psicossomática pelo Instituto Brasileiro de Estudos Homeopáticos, formação em TVP com Hans W. TenDam, formação em TR/TVP com Dr. Milton Menezes, formação em Terapia Regressiva para Crianças com Alice Cabral/Portugal, Psicossíntese, Irisdiagnose, Coaching Clinic e Formação em Teoria e Clínica Psicanalítica. Foi presidente do II Congresso Nacional de Terapia Regressiva em São Paulo em novembro de 2010. É membro certificada pela EARTh (European Association For Regression Therapy). É autora dos livros: *Reiki: uma experiência de autolibertação, Reiki: um processo alquímico, Aquarela: o palhaço que tinha medo do escuro* e *Psicobiosofia: Jornada em busca do Eu.*

Maria Silvia Orlovas

Formada em Belas-Artes pela Faculdade Santa Marcelina, trabalhou como arte educadora em escolas e grupos e coordena o Espaço Alpha-Lux, que atua na área alternativa, com palestras e cursos voltados ao autoconhecimento. Criada numa família espiritualista, há muitos anos se dedica ao estudo das ciências ocultas e dos aspectos psicológicos que envolvem as pessoas. Ministra grupos, cursos e atende em consultório com Terapia de Vidas Passadas. Escreveu vários livros sobre os ensinamentos dos Mestres da Fraternidade Branca. É uma sensitiva que possui um dom muito especial de ver as vidas passadas das pessoas à sua volta e receber orientações dos seus mentores. Dedica-se ao estudo da Mitologia, dos arquétipos do Tarô, da cura através das imagens do Inconsciente e das religiões antigas. Escreveu os livros: *Vidas passadas: viagem aos mistérios da morte, Os Grandes Mestres: suas origens e criações, Os Doze Raios e a Expansão da Consciência: espiritualidade para uma nova vida, Segredos de mulher: a descoberta do sagrado feminino, Manual da Luz: um guia prático para você viver, Os filhos de Órion: a chegada da Hierarquia da Luz,* e outros.

Maria Teodora Ribeiro Guimarães

É médica psiquiatra formada em 1974. Fundadora, ex-presidente e membro do Conselho permanente da SBTVP. Membro clínico avançado em Análise Transacional na International Transactional Analysis Association, EUA, especialista em Terapia para pacientes psicóticos em AT no Cathexix Institute, California, EUA, formação como terapeuta de vida passada na Association for Past-life Research and Therapies (APRT), Califórnia, EUA. É autora dos livros: *Terapia de vida passada: uma abordagem profunda do Inconsciente* (com outros autores), *TVP: Curso de formação de terapeutas - vol. I e II*, *Viajantes: histórias que o tempo conta*, *Os filhos das estrelas: memórias de um capelino*, *Tempo de amar: a trajetória de uma alma*, *Apometria hoje: coletânea de artigos* (com outros autores), *Terra dos Ay-Mhorés: a saga dos últimos atlantes na Terra das Estrelas – o Baratzil*, *O guardião dos segredos: a história de um mestre da luz*, *Egito eterno: a dinastia dos deuses siderais* (com Roger Feraudy), e *Umbanda, um novo olhar*.

Segundo ela, "A TVP não é uma terapia inventada por alguém. Há cerca de cinquenta anos, nos Estados Unidos e em outros lugares do mundo, médicos que trabalhavam com hipnose passaram a perceber que seus pacientes, durante o transe hipnótico, falavam outras línguas ou relatavam dados históricos para os quais não tinham nenhuma cultura. Curiosos, os médicos observaram o que acontecia e com o tempo concluíram que esses pacientes, durante as sessões, eram transportados a vivências passadas. Essa Terapia lida fundamentalmente com o caráter das pessoas. Todos nós sabemos que nosso caráter, temperamento e conquistas são o resultado de milênios de evolução em um número incontável de reencarnações. As pessoas querem eliminar o sofrimento, mas não as causas dele, que são seus defeitos de personalidade. Na TVP é como se trouxéssemos os ensinamentos espíritas para dentro da Ciência e da vida real".

Milton Menezes

Milton Menezes é psicólogo, natural no Rio de Janeiro. Estuda o Espiritismo e os fenômenos mediúnicos, principalmente as obras de cunho filosófico e as que tratam os aspectos científicos dos fenômenos espirituais. Experimentou diversas práticas religiosas e filosofias orientais. Formou-se terapeuta de Vida Passada pela Sociedade Brasileira de Terapia de Vida Passada (SBTVP). Desenvolveu tese de mestrado em Psicossociologia para o Instituto de Psicologia da UFRJ, participou de diversos Seminários e Congressos nacionais e internacionais sobre Psicologia Transpessoal e TVP, especializou-se em Hipnose Ericksoniana com o Dr. Jeffrey Zeig, é hipnoterapeuta, formado pela Sociedade de Hipnose Médica do Estado do Rio de Janeiro. É presidente do Instituto Vita Continua, uma instituição que tem como proposta a divulgação, a formação e a pesquisa de temas relacionados à espiritualidade humana, como a Terapia de Vida Passada, Psicologia Transpessoal, Psicossíntese, Reencarnação, Espiritismo, etc. É membro certificado da EARTh (*European Association for Regression Therapy*). É autor dos livros *Terapia de Vida Passada e Espiritismo: distâncias e aproximações* e *O sentido do sofrimento: do desafio à superação*.

Osvaldo Shimoda

É psicólogo, de São Paulo, formado pela Universidade São Marcos em 1982. Fez especialização em Análise Transacional pela UNAT (União Nacional dos Analistas Transacionais) e em TVP (Terapia de Vida Passada) com a médica Dra. Maria Júlia Prieto Peres do Instituto Nacional de Terapia de Vida Passada. Foi psicólogo do Hospital do Servidor Público do Estado de São Paulo e do ambulatório do Gabinete do Secretário de Saúde do Estado de São Paulo. É o criador da TRE (Terapia Regressiva Evolutiva) – A Terapia do Mentor Espiritual (Ser desencarnado diretamente responsável pela nossa evolução espiritual). É autor do livro *Experiências de Regressão: a Terapia com o Mentor Espiritual*".

Ribamar Tourinho

Médico e psicoterapeuta, Ribamar Tourinho trabalha com o Reequilíbrio do Emocional com as técnicas da Psicologia Transpessoal e PNL. Tourinho realiza palestras e seminários no Brasil, América Latina, França e Portugal sobre sua especialidade. Organiza as Oficinas Vida Ideal, no Espaço V.I.D.A., que tem por objetivo despertar o poder de superação do Ser em experiências adversas. É formado pela Faculdade de Ciências Médicas de Pernambuco, com formação em Programação Neurolinguística pelo Instituto de Ciências Neurolinguísticas de São Paulo, formação em Terapias de Vivências Passadas pelo Instituto Nacional de Terapias de Vivências Passadas (INTVP) em São Paulo, formação em Reiki Usui Shiki Ryoho, Curso Avançado de Mandala com Léo Matos, Curso de Especialização em Psicologia e Psicoterapia Transpessoal com Léo Matos. Desenvolve Pesquisa Científica sobre o relacionamento e a sensibilidade dos recém-nascidos no berçário da Maternidade Evangelina Rosa, em Teresina/PI. É presidente do Núcleo de Estudo Científico Espiritual em Teresina. Ribamar Tourinho desenvolveu e aperfeiçoou a técnica da Terapia de Vivência Transpessoal (TVT), um tratamento no campo das emoções, que estuda e trata o homem em sua totalidade sendo basicamente intercultural com suas várias abordagens (psicológicas, religiosas, médicas, etc.) em relação à vida, em que a Regressão de Memória é uma das ferramentas utilizadas. É autor dos livros *Almas algemadas* e *A criança de sucesso*.

Vera Saldanha

É psicóloga, pioneira no ensino da Psicologia Transpessoal no Brasil, doutora em Psicologia Transpessoal pela Unicamp e uma das maiores autoridades no Brasil. Vera Saldanha teve o primeiro contato com a Transpessoal em 1978, em congressos internacionais organizados por Pierre Weil e Stanislav Groff. Ela sistematizou um método de aplicação da Transpessoal (Abordagem Integrativa

Transpessoal) em clínicas, organizações e escolas no Brasil. Criou a primeira pós-graduação em Psicologia Transpessoal no país e ministra palestras em todo o mundo sobre o assunto há mais de 20 anos. É presidente da Associação Luso-Brasileira de Psicologia Transpessoal (ALUBRAT) com sede no Brasil e Portugal. Segundo ela, o prefixo "trans" significa "mais além", e a Psicologia Transpessoal busca, através de práticas em estados que transcendem o ego, integrar o transcendental, ou espiritual, nas dimensões pessoais. É autora dos livros *Psicologia Transpessoal: um conhecimento emergente de consciência* e *A Psicoterapia Transpessoal*, e coautora dos livros *Do brincar ao sonhar* e *Psicologia da consciência*.

Capítulo 24
ALGUMAS INSTITUIÇÕES DE TERAPIA DE REGRESSÃO NO MUNDO

Em muitos países no mundo todo, Terapeutas de Regressão estão associando-se e formando Instituições de estudo, pesquisa e ensino. Entre elas, podemos citar:

IARRT – Associação Internacional para a Investigação de Regressão e Terapias. *Site*: www.iarrt.org

EARTh – Associação Europeia de Terapia de Regressão. É uma Associação de Terapeutas de Regressão de diferentes escolas de Terapia de Regressão na Europa. *Site*: www.earth-association.org

IBRT – Conselho Internacional de Terapia de Regressão. *Site*: www.ibrt.org

NFRT – Norsk Forbund para Regresjonsterapi – Noruega. *Site*: www.regresjonsterapi.no

NVRT – Nederlandse Vereniging van Reincarnatie Therapeuten – Holanda . *Site*: www.reincarnatietherapie.nl

Michael Newton Institute – Regressão Vida Entre Vidas. *Site*: www.newtoninstitute.org

Associação de Regressão e Pesquisa sobre Reencarnação – Dr. Newton Kondaveti – Índia. *Site*: www.arrrglobal.org

SVR – Vereinigung fur Schweizerischen Reinkarnationslehre und Therapie - Suíça. *Site*: www.svrt.ch

PLRA – Past Life Regression Academy. *Site*: www.regression-academy.com

Radianced – Turquia. *Site*: www.radianced.com

Spiritual Regression Therapy Association – Suíça. *Site*: www.spiritual-regression-therapy-association.com

PRHYA – Associação de Hipnose e Regressão de Vidas Passadas. *Site*: www.pastliferegressionhypnosis.org

Past Life Regression Academy – Europa, Ásia, Estados Unidos e Austrália. *Site*: www.regressionacademy.com

CHII – California Hypnosis Institute of India – India, Dubai e Hong Kong. *Site*: californiahypnosis.in

HSI – Escola de Hipnoterapia da Índia. *Site*: www.hypnotherapyschoolindia.com

IISIS – Instituto para a Integração da Intuição, da Ciência e Espírito. *Site*: www.iisis.net

Capítulo 25
Alguns terapeutas de regressão no mundo

Com a expansão da Terapia de Regressão pelo mundo todo, posso colocar aqui apenas alguns nomes que representam os demais colegas. Alguns terapeutas estrangeiros, como Hans TenDam e Roger Woolger, têm uma influência muito grande sobre a Terapia de Regressão no Brasil. O Dr. Brian Weiss é muito conhecido pelos seus livros, que tiveram a importância de popularizar a Terapia de Regressão. Alguns psicólogos e psiquiatras que vêm há décadas estudando a respeito de Reencarnação e Regressão, em adultos e crianças, em seus países. Em ordem alfabética:

Alice Cabral

Alice Cabral é licenciada em Psicologia Clínica desde 1996 e mestre em Psicologia do Desenvolvimento Humano. Formada em Hipnose Clínica e em Terapia Regressiva, EMDR, TFT, PNL e Terapia Gestalt. Trabalha em instituições públicas e privadas em nível individual e de grupo, e em nível de apoio a professores e pais em Escolas como consultora de práticas educativas. É docente no Mestrado de Psicologia Criminal e do Comportamento Desviante na Faculdade Lusófona e nas pós-graduações de Hipnose Clínica na Faculdade Medicina de Lisboa. Alice Cabral posiciona-se como uma das especialistas mundiais no trabalho de regressão com crianças.

Andy Tomlinson

Andy Tomlinson é psicólogo, psicoterapeuta e terapeuta de regressão, nascido na Inglaterra em 19 de março de 1949. Ele foi um dos pioneiros na Psicologia Transpessoal. Em 1996, começou a desenvolver técnicas de outros pioneiros, incluindo Roger Woolger e Michael Newton. Ele é também um dos pioneiros na descoberta da vida após a morte, usando uma abordagem científica para descobrir e explicar as experiências da Alma. É membro fundador da Academia Europeia de Terapia de Regressão, fundador da Norsk Forbund para Regressjonsterapi e membro fundador da *Spiritual Regression Therapy Association*. Ele fundou a Academia de Regressão a Vidas Passadas trabalhando no Reino Unido, Noruega, Suécia, Turquia, Suíça, Cingapura, Austrália e EUA. Tomlinson é colaborador com artigos no *European Journal of Clinical Hypnosis*. Apresentou trabalhos no Congresso Mundial de Terapia de Regressão na Holanda em 2003 e em Istambul em 2006. O seu primeiro livro, *Cura da Alma Eterna*, é considerado uma contribuição inestimável no campo da Terapia de Regressão. O seu segundo livro, *Explorando a Alma Eterna*, utiliza a pesquisa científica em Psicologia Transpessoal. Em seu terceiro livro, *Transformando a Eterna Alma*, conta com a colaboração de psicólogos e profissionais da área médica. É fundador da Academia de Regressão a Vidas Passadas, especializada em Terapia de Regressão, Terapia de Regressão de Vidas Passadas, Regressão Vida Entre Vidas e treinamento em Hipnose na Europa, Ásia, Estados Unidos e Austrália. Os Terapeutas Vida Entre Vidas usam hipnose profunda para orientar o cliente além de uma vida passada ao que parecem ser memórias da sua Alma entre vidas. Este trabalho tem sido desenvolvido desde o final dos anos 60 por psicólogos e psiquiatras, sendo o mais proeminente Michael Newton. Na sequência de uma morte, pessoas regredidas, muitas vezes, falam sobre serem recebidas por amigos ou familiares falecidos e receberem uma cura para aliviar suas emoções mais densas e energias associadas com o mundo físico, que lhes permitam voltar a entrar na frequência de vibrações mais elevadas do Mundo Espiritual. Algumas vezes ocorrem encontros com Guias Espirituais e Professores de revisão da sua vida passada. O julgamento nesta revisão vem da Alma dos clientes, em que as suas ações e intenções são evidenciadas. Em alguns momentos, encontram Espíritos de Luz, que atingiram um nível de experiência e sabedoria que não exige fisicamente uma reencarnação, e analisam o progresso da sua Alma diante deles e pode reproduzir-se qualquer de suas vidas passadas e discutir alguns aspectos até que a Alma compreende o que se espera na sua próxima vida. Esse trabalho é feito com amor, compaixão e a participação da Alma, que leva a entender o propósito da sua próxima encarnação. Mais informações: www.regressionacademy.com

Brian Weiss

O Dr. Weiss nasceu em 6 de novembro de 1944, em Nova York. É médico, diplomado pela Universidade de Yale, com especialização em Psiquiatria na Universidade de Columbia. Foi professor de Medicina em várias faculdades norte-americanas e publicou mais de 40 ensaios científicos nas áreas de psicofarmacologia, química cerebral, distúrbios do sono, depressão, ansiedade, distúrbios causados pelo abuso de drogas e mal de Alzheimer. Diretor emérito do Departamento de Psiquiatria do Mount Sinai Hospital, em Miami, viaja constantemente para promover palestras e grupos sobre seu trabalho. Contribui para diversas publicações acadêmicas, jornais e revistas, como *The Boston Globe*, *The Miami Herald*, *The Chicago Tribune* e *The Philadelphia Inquirer*, entre outros. É diretor de uma clínica particular em Miami que conta com psicólogos e assistentes sociais altamente capacitados e treinados para aplicar a Terapia de Vidas Passadas. Ele foi o responsável pela popularização da TVP no mundo. A publicação do livro *Muitas Vidas, Muitos Mestres* foi decisiva para este processo. O envolvimento do Dr. Brian Weiss com a Terapia de Vidas Passadas começou em 1980 com uma paciente a quem ele chama de Catherine. Após quase um ano de terapia convencional, a moça não havia feito grandes progressos em seu tratamento. Dr. Weiss sugeriu, então, tentar a Hipnose. Foi aí que, em vez de regredir à infância, ela voltou para 4 mil anos atrás, lembrando-se com riqueza de detalhes de sua vida no Egito Antigo. O psiquiatra não acreditava em Reencarnação, até que, confirmando os elementos das histórias de supostas vidas passadas dessa paciente por meio de pesquisas em arquivos públicos, convenceu-se da sobrevivência de um elemento da personalidade humana após a morte. Desde 1980, ele defende os benefícios terapêuticos da Regressão hipnótica, manifestando também sua convicção de que muitas fobias e doenças estão enraizadas basicamente em experiências de vidas passadas, e o fato do paciente tornar-se consciente, lembrar-se dessas experiências, tem um efeito curativo sobre o estado de saúde na sua vida atual e viabiliza que leve uma vida não apenas mais saudável, como mais consciente acerca de si mesmo e do plano no qual vive. Suas pesquisas incidem sobre Reencarnação, Terapia de Vidas Passadas, Progressão a Vidas Futuras e Sobrevivência do ser humano após a morte. Ele é autor dos livros: *Muitas Vidas, Muitos Mestres*, *Só o amor é real*, *A cura através da Terapia de Vidas Passadas* e *A Divina Sabedoria dos Mestres*. Seu *site* é: www.brianweiss.com

Carol Bowman

Carol Bowman é norte-americana, nasceu em 14 de outubro de 1950. É Terapeuta de Regressão a Vidas Passadas, estudou com os pioneiros no campo da Regressão a Vidas Passadas, especialista em aconselhamento na Villanova University, graduada na Simmons College em Boston. Conferencista, pioneira em estudos de Reencarnação, principalmente envolvendo crianças. Lecionou na Noruega, Bélgica e Holanda. Autora internacionalmente conhecida, escreveu *Crianças e suas vidas passadas* (em que sugere que muitas crianças falam espontaneamente no seu dia a dia de suas vidas passadas, mas, evidentemente, nem todas as declarações incomuns ou histórias de crianças são memórias de vidas passadas, na maioria das vezes, as crianças estão imitando personagens da TV ou de filmes. Mas, às vezes, uma criança pode estar falando de uma vida passada sua e aí percebe-se a origem de um medo, um forte sentimento de rejeição, de isolamento, uma fobia, um certo comportamento ou traços de personalidade, similares a hoje) e *O amor me trouxe de volta*. Ela conta que era uma típica dona de casa norte-americana e levava uma vida comum, cuidando de seus dois filhos, até algo muito estranho acontecer. Durante a comemoração do feriado de 4 de Julho, nos Estados Unidos, seu filho caçula, Chase, que sofria de fobia a barulhos muito altos, ficou em pânico com as explosões da queima dos fogos de artifício. Como se estivesse em transe, o menino começou a narrar sua morte violenta durante a guerra civil norte-americana, onde dizia ter sido um soldado negro. Chase contou todo o desespero da guerra com uma riqueza de detalhes de que só um historiador seria capaz. Após esse acontecimento, a fobia do menino desapareceu totalmente. A partir deste dia, a sua vida mudou radicalmente, pois procurando compreender o fenômeno que seu filho relatara, começou a pesquisar incessantemente sobre experiências semelhantes, mas não encontrou nada que a satisfizesse. Então, passou a procurar pessoas que tivessem vivido alguma experiência similar e estudar sobre Reencarnação e Terapia de Vidas Passadas. Seu *site* é: www.childpastlives.org

Hans TenDam

Nascido em Haia, em 1943, é um dos nomes mais fortes da Terapia de Regressão no mundo. Holandês, tem formação em Pedagogia e especialização em Psicologia pela Faculdade de Amsterdã. Foi o pioneiro na pesquisa e trabalho com TVP na Holanda. Forma terapeutas na Europa, Brasil e Índia. Segundo TenDam, a sua base teórica está em Alfred Adler. Ele valoriza bastante as fases intrauterina e o período intervidas. Segundo ele, o objetivo da TVP é a catarse como forma de limpeza, libertação e purificação. Afirma que os terapeutas de regressão procuram encontrar o passado que carregamos conosco, e diz que não voltamos às experiências passadas e vidas passadas, mas ao passado retido, que carregamos agora. Sob estado modificado de consciência, os pacientes descrevem histórias de vidas passadas com morte e conteúdos traumáticos. Hans ensina a acompanhar os pacientes pelos dédalos destas histórias na procura de um final curador. Em algumas dessas histórias a nota dominante são as relações não resolvidas, as relações ditas kármicas: ódios intermináveis, arrependimentos sem perdão, amor traído, etc. Ele mostra como intervir nessas dinâmicas no sentido do seu encerramento. Utiliza técnicas de exploração do psiquismo do paciente usualmente não utilizadas em Terapia Regressiva, que criou ou adaptou: as técnicas de Exploração da Aura e as Induções Abertas. É autor de 11 livros, entre os quais se destacam *Cura profunda*, *Panorama da Reencarnação I*, *Panorama da Reencarnação II* e outros títulos. As suas contribuições para a Terapia Regressiva são reconhecidas em todo o mundo. É membro vitalício da Associação Internacional de Pesquisa de Regressão e Terapias, é membro do Conselho Internacional de Terapia de Regressão, sendo o atual presidente da EARTh (European Association for Regression Therapy) e o principal organizador do World Congress for Regression Therapists. *Site*: www.earth-association.org

Harald Wiesendanger

Harald Wiesendanger nasceu em 1956, na Alemanha, é doutor em Psicologia, Sociologia, parapsicólogo, jornalista e escritor. Estudou na Universidade de Heidelberg. Atuou durante muitos anos em atividades jornalísticas em jornais diários, revistas especializadas e publicações como *Esotera* e outras. Harald Wiesendanger lida principalmente com a Cura Espiritual, Reencarnação e as Experiências fora do corpo. Ele é o fundador da Federação de Cura Espiritual. É autor ou coautor de cerca de 30 livros, entre eles: *O grande livro da cura espiritual*, *Cura psíquica: o conselheiro*, *Cura espiritual na prática clínica* e *A Terapia da Reencarnação: as possibilidades oferecidas pela Regressão a Vidas*

Passadas. Em 1988, fundou o Serviço de Imprensa PSI. Ele pertence à equipe editorial de Tempo de Resposta, uma revista suíça para as áreas esotéricas e de fronteira da Ciência, pertence ao corpo editorial do *International Journal of Healing and Assistance*.

Jim Tucker

É psiquiatra, diretor médico da Clínica de Psiquiatria Infantil e da Família e professor associado de Psiquiatria e Ciências Neurocomportamentais da Universidade da Virgínia. Seus principais interesses de pesquisa são crianças que parecem se lembrar de vidas anteriores, pré-natal e lembranças de nascimento. Escreveu o livro *Vida antes da vida: uma investigação científica das lembranças que as crianças têm de vidas passadas*, em que apresenta uma visão geral de mais de 40 anos de pesquisa sobre Reencarnação na Universidade de Virgínia, na Divisão de Estudos da Personalidade, em relatórios de memórias de vidas passadas de crianças. Nele aborda as marcas de nascença e defeitos de nascimento que correspondem a pessoas falecidas identificadas pelas crianças. Alguns médicos do Centro Médico da Universidade da Virgínia têm pesquisado relatos que crianças fazem de vidas passadas. O Dr. Jim B. Tucker, psiquiatra infantil que conduz as pesquisas, afirma que crianças, muitas vezes, relatam lembranças de uma vida anterior e começam a falar espontaneamente sobre isso quando têm dois ou três anos de idade, algumas se referem a um parente falecido, outras descrevem a vida de um estranho, elas podem fornecer detalhes a respeito de membros da antiga família, eventos da vida passada ou o modo como morreram, e muitas ostentam marcas de nascença semelhantes a ferimentos no corpo da pessoa que faleceu. Tucker, basicamente, concorda com Ian Stevenson, e diz: "A Reencarnação é a melhor, embora não a única, explicação para os casos mais fortes que temos investigado nesses 40 anos". Ele reconhece que isso pode parecer uma declaração surpreendente, que as memórias, emoções e danos físicos às vezes podem transitar de uma vida para outra, no entanto, argumenta que isso não é mais surpreendente do que muitas ideias atualmente aceitas em Física pareciam ser quando foram originalmente propostas.

Mário Resende

Resende é licenciado em Filosofia, mestre em Psicologia Clínica e Psicopatologia, Psicoterapeuta de orientação transpessoal, Terapeuta de Regressão e formador de terapeutas. Concebeu e coordenou a primeira formação em Terapia Regressiva e Técnicas Integradoras em Portugal, é vice-presidente da ALUBRAT (Associação Luso Brasileira de Transpessoal), tem certificado em Life-Between Lives Hypnotherapist, é pós-graduado em TRVC e Hipnose Clínica e Experimental pelo Instituto de Formação Avançada da Faculdade de Medicina de Lisboa, tem formação em Terapia Psicocorporal com Thomas Riepenhausen (Massagem Biodinâmica) e em Psicanálise pelo Sonho Acordado com Marc-Alain Descamps. É facilitador em Meditações Ativas pela Osho Multiversity de Puna, Índia, e Aum Meditation Leader pela Human University na Holanda. Seu *site* é: www.almasoma.pt

Mário Simões

Psiquiatra, professor agregado de Psiquiatria e de Introdução às Ciências da Consciência da Faculdade de Medicina de Lisboa, diretor dos Cursos de Pós-Graduação de Hipnose Clínica e Experimental (Reestruturação Vivencial e Cognitiva) do Instituto de Formação Avançada da mesma Faculdade, regente da cadeira de Psiquiatria e Saúde Mental do Curso de Mestrado de Ciências de Enfermagem do ICBAS e da Escola Superior de Enfermagem. É fundador da ALUBRAT e presidente da Assembleia Geral da Associação Luso Brasileira de Psicologia Transpessoal, fundador da Imaginal e presidente da Assembleia da Associação Portuguesa de Hipnose Clínica e Experimental. *Site*: www.alubrat.net

Raymond A. Moody

Raymond Moody nasceu em 30 de junho de 1944, é um famoso psiquiatra norte-americano, autor do livro *Vida após a vida*. Ele investigou vidas passadas conduzindo seus pacientes a regressões, e diz: "As pessoas se identificam com o que estão visualizando, as emoções de vidas passadas são vivenciadas durante a regressão, os eventos das vidas passadas são vistos sob duas perspectivas, na 1ª ou na 3ª pessoa, a experiência geralmente reflete questões atuais das suas vidas atuais, as questões mentais e emocionais geralmente melhoram depois da regressão, as regressões podem afetar as condições clínicas, melhorando sintomas físicos, as regressões se desenvolvem conforme os significados e não seguindo uma sequência histórica ou cronológica, na maior parte das vidas passadas o paciente é uma pessoa comum". Ele trabalha com experiências de quase-morte (EQM), um termo que cunhou em 1975. Segundo ele: "Não me importo de dizer que, depois de conversar com mais de mil pessoas que tiveram essas experiências, e tendo experimentado muitas vezes algumas das características realmente desconcertantes e inusitadas dessas experiências, tem me dado muita confiança de que existe uma vida após a morte. Devo confessar com toda a honestidade, que não tenho absolutamente nenhuma dúvida, na base do que meus pacientes me disseram, que eles tiveram um vislumbre do além". *Site*: www.lifeafterlife.com

Roger J. Woolger

Nascido na Inglaterra, em 18 de dezembro de 1944, Roger Woolger formou-se em Psicologia e Filosofia Analítica na Universidade de Oxford de Londres, fez mestrado no Instituto Jung de Zurique, pós-graduação em Religiões Comparadas e graduação em Hinduísmo e Misticismo Cristão na Universidade de Londres. Roger ficou conhecido internacionalmente como um pioneiro na área da Psicologia Transpessoal. Foi psicoterapeuta e conferencista especializado em Regressão de Vidas Passadas, Liberação do Espírito e Cura Xamânica.

Foi professor da Vassar College, da Universidade de Vermont e da Universidade Concordia, em Montreal, bem como ministrou grupos de liderança no New York Center, Instituto Omega e Instituto Esalen. Ele ministrou Programas de formação nos Estados Unidos da América, Reino Unido, Holanda, Portugal, Alemanha e Brasil. Foi cofundador da EARTh (European Association for Regression Therapy) e presidente honorário da Internacional Deep Memory Association (IDMA). Começou a sua prática com a Terapia Junguiana e através dela começou a descobrir imagens que pareciam ser de memórias de vidas passadas. Trabalhava com Psicodrama, Terapia Corporal Profunda e o "Bardo", um trabalho de liberação do Espírito, uma síntese hoje chamada de Deep Memory Process. Segundo Roger, a Deep Memory Process oferece várias maneiras de resolver complexos personificados em uma forma segura e estruturada que nos liberta para viver mais plenamente no presente. Permite-nos transcender o que quer que sistemas de crenças inconscientes estejam nos mantendo presos, e nos dá opções expandidas em nossa vida presente. Esta terapia é particularmente eficaz para as questões das relações interpessoais, sistemas familiares, escolhas da carreira, autoestima, as questões de abuso sexual na infância e bloqueios, capacitação pessoal, bem como problemas de isolamento social. Seu primeiro livro, *Como várias vidas da alma*, é uma síntese inovadora da Psicologia profunda de Jung, Terapia Corporal, Ioga e Princípios de Meditação oriental. Seu segundo livro, *A Deusa Interior* (com Jennifer Barker), é um guia à nova Psicologia do feminino. O seu livro *Outros eus, outras vidas* foi traduzido para português, holandês, alemão, francês, italiano, espanhol e japonês. Ele foi um dos doze colaboradores da obra *Terapia de Regressão: um manual para profissionais*, uma obra de referência sobre Terapia de Regressão. Ele também publicou *Cure suas vidas passadas* e *Psicoterapia Corporal e Regressão em Psicoterapia Corporal*. Roger publicou artigos e ensinava sobre Sonhos e Meditação, a Lenda do Santo Graal e o Misticismo de Simone Weil. Eterno estudante da Filosofia perene e da Tradição Cristã mística, foi muito influenciado pela prática da Meditação Budista Vipassana. Realizava palestras sobre Fellini, Bergman e

Cocteau. Guiou Grupos de Estudos de Mitologia e Religião. Foi ator amador e ensinava Shakespeare. Conduziu Seminários em diversas cidades da Europa, Estados Unidos e Brasil. Fez parte do quadro de terapeutas da APRT (Association for Past-Life Research Therapies). Roger recomendava a leitura do *Bardo Todol – O Livro Tibetano dos Mortos*, dizia que este livro deveria ser de leitura obrigatória para todo terapeuta de Terapia de Regressão, tem uma idade aproximada de 10 mil anos e é um exemplo do grau de sofisticação mental a que chegaram os antigos tibetanos. Roger Woolger desencarnou em 17 de novembro de 2011. *Site:* www.rogerwoolger.com

Thorwald Dethlefsen

Nascido em 11 de dezembro de 1946, na Alemanha, morreu em 1º de dezembro de 2010. Após completar o curso de Psicologia, ele desenvolveu a Terapia da Reencarnação. A partir de 1968, pesquisou os efeitos terapêuticos da TVP. Dethlefsen aprendeu Astrologia com Wolfgang Döbereiner. É autor de vários livros, entre eles, *A doença como caminho, O poder de cura da doença: o significado de sintomas e como interpretá-los, Vida e destino humano, Vozes de outras vidas: a Reencarnação como uma fonte de cura, O desafio do destino, A Regressão a Vidas Passadas como método de cura, O destino como uma oportunidade*, entre outros.

Dethlefsen estava convencido de que o homem está sujeito às leis do destino, e que ele deve identificar tópicos para aprender, isto é, oportunidades para expandir a sua Consciência. Ele viu que a doença dos seres humanos é a violação das leis do destino ou da ordem cósmica, o que leva ao sofrimento. Se algo desagradável acontece comigo, isso é apenas um convite que vem de dentro de mim. Todas as pessoas más e eventos desagradáveis são apenas mensageiros, meios que tornam visível o invisível. Quem entende isso e está disposto a assumir a responsabilidade por seu próprio destino, perde todo o medo ante a ameaça. Dethlefsen era da opinião de que a pessoa causa a sua doença e que, além disso, a doença, muitas vezes, é utilizada como um meio para o exercício do poder.

Segundo ele: "Uma das formas mais comuns nos tempos de hoje de exercer o poder é a doença. A doença em nosso tempo garante ao indivíduo um espaço para a sua crítica reivindicar o poder, inconscientemente. O homem, ao contrário, deve se esforçar para ser uma célula útil, como ele espera das células de seu corpo, por isso ele não deve ser o câncer deste mundo. No entanto, ele deixa esse fim propositadamente para desfrutar a liberdade de sua ação incompreendida, por isso não deve se surpreender se for eliminado".

Capítulo 26
TERAPIA DE REGRESSÃO E LEGISLAÇÃO

O Conselho Federal de Medicina e o Conselho Federal de Psicologia vedam aos seus profissionais a utilização de terapias não reconhecidas pelo meio científico oficial. Os médicos e os psicólogos entendem, com isso, que são proibidos de exercer certas terapias ainda não aceitas por esses Conselhos, quando, na verdade, a Constituição Brasileira proporciona a qualquer cidadão a liberdade de fazer o que quiser, desde que não faça mal para ninguém. Fica, então, uma questão importante: o CFM e o CFP podem proibir os seus profissionais de exercerem terapias não reconhecidas? Sim, podem, quando o profissional associar o uso dessas terapias ao seu exercício profissional, por exemplo, um anúncio em jornal em que o profissional, médico ou psicólogo, anuncia-se como tal e informa que também trabalha com alguma terapia não reconhecida. Isso é proibido, pois naquele momento quem está anunciando é um profissional que deve prestar obediência ao seu Conselho. O mesmo em um artigo publicado por um médico ou psicólogo versando sobre alguma terapia não reconhecida, assinada pelo autor, informando sua qualificação profissional ou o texto versando sobre um assunto aceito e reconhecido, mas ao final o profissional informa que também trabalha com alguma terapia não reconhecida. Isso também é proibido.

Quero colocar aqui, neste capítulo sobre Legislação, a minha opinião formalizada em 2009, junto ao Conselho Regional de Medicina do Rio Grande do Sul, depois de vários julgamentos e punições, quando da minha solicitação de licença do exercício de médico junto àquele Conselho, até que, ou se, a Terapia de Regressão fosse aceita como uma especialidade médica.

Penso que tanto o Conselho Federal de Medicina como o Conselho Federal de Psicologia têm, mais do que o direito, a obrigação de proibir os médicos e os psicólogos de exercerem práticas terapêuticas, ou ditas terapêuticas, ainda não reconhecidas pelo meio científico oficial, evitando, assim, por um lado, possíveis danos às pessoas por práticas exercidas de maneira indevida e irresponsável, e a proliferação de pseudoterapias inócuas, charlatanescas ou realmente prejudiciais à saúde física ou emocional dos pacientes. Conforme declarei naquela ocasião, se eu estivesse no Conselho Regional de Medicina do meu estado, membro de sua diretoria, faria a mesma coisa que fizeram comigo e com outros médicos que trabalham com terapias não reconhecidas. E o mesmo faria se psicólogo fosse e estivesse dentro do Conselho de Psicologia.

Por outro lado, e aí falo por mim, tenho absoluta convicção de que a Terapia de Regressão, exercida com conhecimento de causa, com profissionalismo e com ética, é de enorme utilidade para uma possível resolução de transtornos médicos e psicológicos de difícil tratamento, com a melhoria ou cura das fobias, do transtorno do pânico e das depressões severas refratárias a tratamento. Tenho a mais absoluta convicção de que a grande maioria desses transtornos têm a sua origem em situações de outras encarnações e, algumas vezes, devem ter ou têm sua ação amplificada pela presença de Espíritos obsessores junto aos pacientes. A origem no passado pode ser investigada e, muitas vezes, obter grande melhoria ou cura a esses sofredores através da Terapia de Regressão, e os casos espirituais, através de investigação e tratamento em Centros Espíritas gratuitos.

Conforme me foi explicado naqueles anos em que eu era médico e atuava com terapias não reconhecidas, inicialmente a Homeopatia (que depois foi reconhecida), mais tarde a Terapia Floral, a Psicoterapia Reencarnacionista e a Terapia de Regressão, que ainda não o foram, é vedado ao médico, e acredito que também ao psicólogo, vincular a prática da Medicina ou da Psicologia à prática de terapias não reconhecidas, e não que seja proibido o seu exercício, pois isso implicaria uma infração, por parte dos Conselhos, da liberdade individual garantida pela Constituição Brasileira, que é a Lei Maior do país. Assim, me foi sugerido que eu tivesse dois cartões de visita, um como médico, com o Dr. antes do meu nome e com o CRM, e outro como terapeuta alternativo, sem o Dr. e sem o CRM, e que nas propagandas em jornal ou fôlderes ou em artigos publicados, não poderia constar que eu era médico e o meu CRM juntamente com o anúncio dessas terapias não reconhecidas, e também não poderia, informando que era médico, publicar artigo sobre alguma terapia não reconhecida. O mesmo para ministrar Curso de Terapias Alternativas me anunciando como médico.

Ou seja, o Dr. Mauro Kwitko não poderia divulgar-se médico e terapeuta alternativo, por estar ferindo as Leis do Conselho de Medicina, enquanto que o cidadão Mauro Kwitko teria o direito de trabalhar com Terapias Alternativas, assegurado pela Constituição. Entendi e agradeci a boa vontade dos meus colegas médicos, querendo conciliar a Lei e a Razão, mas preferi licenciar-me e poder exercer livremente a Psicoterapia Reencarnacionista e a Regressão Terapêutica, aguardando o tempo passar, até que a Terapia de Regressão seja aceita pela Medicina e entre no Currículo das Faculdades de Medicina, quando, então, solicitarei meu reingresso.

Acredito que deva ser similar o parecer do Conselho de Psicologia, ou seja, não ter o poder de proibir os psicólogos de trabalharem com as terapias que quiserem e entenderem como úteis e boas para seus pacientes, mas não permitindo a vinculação do exercício da

Psicologia com essas terapias não reconhecidas, anunciar-se psicólogo e terapeuta alternativo, escrever artigos ou ministrar Cursos de Terapias Alternativas anunciando-se como psicólogo. Ou seja, o cidadão pode, o psicólogo não pode.

Quando os meus alunos, médicos ou psicólogos, pedem a minha opinião a esse respeito, digo-lhes que podem fazer uma de duas coisas: seguir essa orientação dos Conselhos de não ser permitido vincular, associar, uma prática oficial, reconhecida, com uma prática alternativa, não reconhecida, ou solicitar licença junto ao seu Conselho e trabalhar livremente com as terapias que a sua consciência lhe autorizar.

Em vários países do mundo, o exercício de algumas Terapias Alternativas é praticado por médicos e psicólogos, e acredito que em poucos anos essa situação chegará ao Brasil, mas, até lá, os profissionais dessas áreas oficiais deverão optar por uma das soluções acima sugeridas.

Capítulo 27
COMENTÁRIOS FINAIS

Neste novo livro, ampliei bastante o seu conteúdo, agregando mais capítulos que respondem a muitos questionamentos de pessoas interessadas na Terapia de Regressão, seja quem deseja tornar-se um especialista nessa técnica ou quem deseja submeter-se a um tratamento com ela. Procurei deixar claro que a Terapia de Regressão é uma forma de tratamento que visa o acesso ao Inconsciente das pessoas, com algumas finalidades. Existem, hoje em dia, várias Escolas, e cada uma trabalha de uma maneira própria, com diferenças, às vezes, substanciais entre o seu método de trabalho. Por isso, é importante que as pessoas interessadas em realizar um tratamento com a Terapia de Regressão acessem a internet e entrem no *site* de cada Escola ou do terapeuta com quem desejam consultar e vejam se é o que desejam, o que buscam. Algumas Escolas utilizam a Terapia de Regressão apenas para essa vida atual, outras abrem seu campo de ação para encarnações passadas. Algumas Escolas utilizam o processo de esvaziamento das emoções da situação acessada, com a repetição do fato, da emoção, com a catarse, utilizando ou não a Programação Neurolinguística, a Reprogramação, e outras técnicas, outras Escolas levam a recordação até um momento em que a pessoa já não sentia mais nada daquelas emoções e sensações. Algumas Escolas terminam a recordação logo após a situação traumática, outras no momento da morte e outras até a pessoa ter recordado a sua subida e estadia no Mundo Espiritual (período intervidas). Algumas Escolas incentivam o reconhecimento de pessoas no passado, outras não o fazem, respeitando a Lei do Esquecimento.

Sei que para um leigo não é fácil escolher o método de trabalho que vai atender a sua necessidade, mas, a princípio, uma pessoa que não acredita na Reencarnação pode optar por um terapeuta que não trabalha com ela, enquanto que um reencarnacionista deve optar por um terapeuta também reencarnacionista. Alguém que quer saber a origem de conflitos e dificuldades com um familiar ou alguém de suas relações, pode optar por um terapeuta que incentiva o reconhecimento de pessoas durante o processo regressivo, enquanto que alguém que acredita no respeito à Lei do Esquecimento deve optar por um terapeuta que a respeite.

Na primeira consulta com o terapeuta de regressão que escolheu ou lhe foi indicado por alguém, deve procurar saber do seu método de trabalho e tirar suas dúvidas a respeito da sua maneira de trabalhar. Grande parte dos terapeutas de regressão possuem *site* na internet e nele costumam colocar as suas ideias, as suas concepções, artigos, textos, casos clínicos, etc., e assim as pessoas podem ter uma certa antevisão de como é o seu trabalho.

Os médicos, os psicólogos e os psicoterapeutas que gostariam de conhecer a Terapia de Regressão, fazer Curso de Formação, podem também procurar nos *sites* das diversas Escolas e dos ministrantes de Curso de Formação essas informações, para poderem encontrar o que procuram.

Muitos terapeutas de regressão, do Brasil e de vários países, escrevem livros a respeito do assunto, e a sua leitura é recomendada a quem deseja estudar essa maneira de buscar, encontrar e tratar os transtornos de origem obscura e, por isso, de difícil tratamento.

Nos *sites* de vídeos na internet podem ser encontrados muitos depoimentos, palestras e entrevistas, com especialistas nessa Terapia, e ali muitos questionamentos e dúvidas podem ser esclarecidos.

Como em qualquer área da atividade humana, existem os profissionais sérios e responsáveis, os que não primam muito por essa atitude, os charlatões e os malucos. Este não é um livro-denúncia e não me compete apontar quem é quem, nem tenho a intenção de bancar o detetive e buscar os representantes dessas duas últimas categorias. As indicações de pessoas que realizaram tratamento com um profissional, o conteúdo do seu *site*, a leitura dos seus livros e a impressão que passam na primeira consulta, aliado à intuição, pode ajudar na escolha do profissional a ser eleito para entregar a ele o seu Inconsciente.

Quero, ao final, pedir um milhão de desculpas aos profissionais que não constam no livro. Não caberiam nele todos os terapeutas de regressão sérios, competentes e responsáveis, que conheço e os que me foram indicados por colegas aos quais pedi indicações, ajuda e apoio. Isso quase me fez desistir do capítulo "Alguns terapeutas de regressão no Brasil", pois tenho certeza de que muitos grandes nomes ficaram fora dele. Pensei seriamente em desistir desse capítulo, mas acabei por escolher em cada Escola os seus fundadores, os mais antigos, mais representativos, os ministrantes de Curso, mas sei que certamente fui injusto com muitos que são mais jovens mas nem por isso menos representativos e com alguns mais antigos mas que não conheço de Seminários, de Congressos e que não têm *site* na internet nem livros editados, ou não encontrei numa pesquisa virtual.

Agradeço a Juliana Vergutz, minha esposa, companheira de casa, consultório e cursos, por sempre me apoiar nas coisas que acredito, principalmente de manhã cedo quando acordo cheio de ideias, e me dar o suporte necessário para que eu possa voar. Agradeço aos meus filhos Hanna, Rafael, Maurício e Igor, às minhas como-filhas Gabriela e Yasmim, e à minha neta Lara, por estarem me ensinando a ser pai e avô.

Agradeço aos meus pais por terem me trazido para cá, me dado a vida, mais um dia nessa Escola de aprendizado, de sofrimento e de crescimento. Graças ao seu amor pude encontrar o caminho espiritual.

Agradeço aos meus colegas da Associação Brasileira de Psicoterapia Reencarnacionista, aos membros da diretoria, aos ministrantes de Curso, aos monitores de Curso, aos alunos e ex-alunos, e às pessoas que confiaram o seu Inconsciente a mim, o que me fez aprender um tanto a respeito de Reencarnação.

Agradeço aos psicoterapeutas reencarnacionistas que estão colaborando com a CBTC (Casa Beneficente de Terapia e Caridade) e com a construção da futura sede.

Agradeço ao Galileu Arruda, em memória, e à Luciana Engel, da Lunetta Produções, pelo imenso amor que sentem pela Psicoterapia Reencarnacionista e pela sua dedicação ao Portal da ABPR e ao meu Portal.

Agradeço a Edições Besourobox por terem acreditado em mim e já estarmos no oitavo livro, com mais alguns a caminho.

Agradeço aos leitores que me prestigiam com a sua atenção, me sinto honrado e dignificado com isso.

Agradeço a Deus, a Nossa Senhora, a Jesus, aos meus Mentores Espirituais, ao grupo de Seres do Plano Astral criadores da Psicoterapia Reencarnacionista, por tudo o que recebo e receberei. Sou infinitamente grato.

Capítulo 28
A REENCARNAÇÃO EXISTE MESMO?

Cerca de 4 bilhões de pessoas no mundo acreditam na Reencarnação. Aqui no Ocidente, pelo predomínio de religiões não reencarnacionistas, com uma concepção herdada do Concílio de Constantinopla de 553 d.C., a Reencarnação começou a ser relembrada com Allan Kardec há 150 anos, mas até hoje ainda não foi introduzida na Psicologia e na Psiquiatria oficiais, mesmo com milhões de pessoas por aqui acreditando e seguindo essa concepção socioespiritual. É difícil entender por que essas instituições estão demorando tanto a se libertar desse dogma católico, mantido por suas dissidências, enquanto, no mundo todo, mais e mais médicos, psicólogos, psicoterapeutas, cientistas, em várias Universidades e Centros de Pesquisa, estão estudando, trabalhando, pesquisando, comprovando, que ela existe. Abaixo, coloco a opinião de algumas pessoas a respeito da Reencarnação.

Arthur Schopenhauer, filósofo alemão (1788-1860): "Se um asiático me perguntar por uma definição da Europa, serei forçado a responder-lhe do seguinte modo: É aquela parte do mundo perseguida pela incrível ilusão de que o homem foi criado do nada e que a sua existência atual é a sua primeira entrada na vida".

Benjamin Franklin, presidente norte-americano (1706-1790): "Aqui jaz o corpo de Benjamin Franklin, impressor, semelhante à capa de um velho livro de páginas arrancadas, abandonadas ao léu, com seu título e seus dourados apagados. A obra não se perderá, pois, como ele acreditava, ela aparecerá uma vez mais em nova edição mais elegante, revisada e corrigida pelo autor".

Chico Xavier, santo brasileiro (1910-2002): "Renascer... eis a vida, o progresso incessante, o eterno evoluir, eis a lei do Criador! Eis do mestre Jesus, como luz rutilante, o ensino imortal no evangelho do amor. Renascer... eis lei imutável, constante, pela qual nosso 'eu' no cadinho da dor, em sublime ascensão pela luz deslumbrante, subirá para Deus, nosso Pai e Senhor".

Cícero, filósofo romano (106 a.C.-43 a.C): "Outro forte indício de que os homens sabem a maioria das coisas antes do nascimento é que, quando crianças, aprendem fatos com enorme rapidez, o que demonstra que não os estão aprendendo pela primeira vez, e sim os relembrando".

Dalai Lama, lama e líder do governo tibetano no exílio (1935): "Se aceitamos a crença numa continuação da vida, a prática religiosa se torna uma necessidade que nada pode suplantar, para preparar sua encarnação futura. Seja qual for o nome dessa religião, o fato de compreendê-la e praticá-la torna-se a base essencial de uma mente que está em paz e, portanto, de um mundo em paz. Se não há paz na mente, não pode haver paz alguma no modo como uma pessoa se relaciona com as outras e, por conseguinte, não pode haver relações saudáveis entre os indivíduos ou entre as nações".

Gabriel Delanne, cientista francês (1857-1926): "A duração de uma vida é apenas um momento na evolução eterna".

George Harrison, músico (1943-2001): "Amigos são todas as Almas que conhecemos em vidas passadas. Somos atraídos uns para os outros. Mesmo que os tenhamos conhecido apenas por um dia, isso não importa, pois é possível que antes nos tenhamos encontrado nalgum lado".

Henry Ford, industrial norte-americano (1863-1947): "Os gênios são Almas mais velhas. Alguns pensam que se trata de uma benção ou de um talento, mas na verdade é o fruto de uma longa experiência em muitas vidas passadas".

Henry David Thoreau, escritor norte-americano (1817-1862): "Tanto quanto me lembro, nunca deixei de me referir inconscientemente a experiências de um estado prévio de existência".

Hermann Hesse, novelista e poeta alemão (1877-1962): "Ele viu todas aquelas formas e faces em mil relacionamentos um com o outro... Nenhum deles morreu, eles apenas se transformaram, continuamente renasceram e obtiveram novas faces...".

Honoré de Balzac, escritor francês (1799-1850): "Todos os seres humanos experimentaram vidas anteriores. Quem sabe quantas formas físicas o herdeiro do céu ocupa, antes que ele possa compreender o valor daquele silêncio e solidão, cujas planícies estreladas são apenas a antecâmara dos mundos espirituais?".

J. D. Salinger, escritor norte-americano (1919-2010): "O que fazes é sair do teu corpo quando morres. Todos fizemos isso milhares de vezes. Só porque não nos lembramos, isso não significa que o não tenhamos feito".

Goethe, escritor alemão (1749-1832): "Estou certo de que estive aqui, como estou agora, mil vezes antes e espero retornar mil vezes. A Alma do homem é como a água, vem do Céu e sobe para o Céu, para depois voltar para a Terra, em um eterno ir e vir".

Khalil Gibran, escritor libanês (1883-1931): "Breves foram meus dias entre vós e mais breves ainda as palavras que pronunciei, mas se minha voz cessa em vossos ouvidos e se meu amor se apaga em vossa lembrança, eis que retornarei, e com um coração mais rico e lábios mais submissos, ao espírito falarei. Sim, voltarei com a maré, e mesmo que a morte me oculte, que o maior dos silêncios me envolva, procurarei de novo vossa compreensão. Sabei, pois, que do maior silêncio retornarei... Não esqueçais que voltarei para vós.

Um breve instante, e meu desejo recolherá o pó e a espuma para um outro corpo. Um breve instante, um momento de repouso no vento e uma outra mulher me trará ao mundo".

Leonardo da Vinci, gênio italiano (1452-1519): "Lê-me, leitor, se encontras prazer em ler-me, porque muito raramente eu voltarei a este mundo".

Tolstói, escritor russo (1828-1910): "Assim como nos cruzamos por milhares de sonhos na vida presente, também a existência atual é apenas uma entre milhares de vidas para as quais entramos provenientes de uma outra vida mais real. E para a qual retornamos após a morte".

Mahatma Gandhi, santo indiano (1868-1948): "Não posso pensar em inimizade permanente entre homem e homem e, acreditando como acredito na teoria do renascimento, vivo na esperança de que, se não nesta existência, mas em alguma outra, poderei abrir os braços a toda a Humanidade, num amplexo amigo".

Papus, médico espanhol (1865-1916): "Como cem anos não seriam suficientes para ganharmos a vitória final, foi necessário que um longo tempo nos fosse concedido, interrompido por intervalos de sono profundo, mais profundo que de nosso sono de todos os dias. Alguns desses períodos de sono são chamados de morte. É verdade que cada existência é acompanhada pelo esquecimento das existências que a precederam, mas essa perda de memória é providencial e facilita a evolução. Se nos lembrássemos das vidas anteriores, seria difícil mudar nosso plano de vida. Quando, finalmente, despertamos um número suficiente de vezes para atingirmos o objetivo de nossos esforços, que é a espiritualidade, morremos pela última vez e não mais voltamos para a Terra".

Gauguin, pintor francês (1848-1903): "Quando o organismo físico falece, a Alma sobrevive. Depois toma conta de outro corpo".

Pitágoras, matemático grego (572 a.C.-492 a.C): "A Alma nunca morre, mas recomeça uma nova vida, ela nada mais faz que mudar de domicílio, tomando uma outra forma. Quanto a mim, que vos revelo essas misteriosas verdades, já fui Euforbes numa outra vida, no tempo da guerra de Troia, lembro-me perfeitamente bem de meu nome e de meus pais, assim como do modo como fui morto em combate com o rei de Esparta. Em Micenas, no templo de Juno, vi suspenso na parede o meu próprio escudo de um outro tempo. Mas, embora vivendo em vários corpos, a Alma é sempre a mesma, pois só a forma muda".

Platão, filósofo grego (427-347 a.C): "Ó tu, moço ou jovem que te julgas abandonado pelos deuses, saiba que, se te tornares pior, irás ter com as piores Almas, ou, se melhor, juntar-te às melhores Almas, e em toda sucessão de vida e morte, farás e sofrerás o que um igual pode merecidamente sofrer nas mãos de iguais. É essa a justiça dos céus".

Plotino, filósofo egípcio (205-270): "Morrer é mudar de corpo como os atores mudam de roupa".

Emerson, poeta e ensaísta norte-americano (1803-1882): "A Alma entra num domicílio temporário e sai dele renovado, passa para outras habitações porque a Alma é imortal. Já não é segredo para o mundo que todas as coisas sobrevivem e não morrem, apenas se retiram temporariamente da vista para depois uma vez mais regressarem. Nada morre, os homens fingem que morrem e aguentam funerais ridículos e obituários tristes, quando na verdade eles ali estão olhando através da janela, com excelente aparência revestida apenas de um estranho disfarce".

Sócrates, filósofo grego (469 a.C.-399 a.C.): "Estou convencido que vivemos novamente e que os vivos emergem dos que morreram e que as Almas dos que morreram estão vivas".

BIBLIOGRAFIA

O Livro dos Espíritos (Allan Kardec)
O Evangelho Segundo o Espiritismo (Allan Kardec)
20 casos sugestivos de Reencarnação (Ian Stevenson)
Vida Passada: uma abordagem psicoterápica (Morris Netherton)
Você já viveu antes (Edith Fiore)
Nosso lar (Francisco Cândido Xavier)
Obreiros da Vida Eterna (Francisco Cândido Xavier)
Nos domínios da mediunidade (Francisco Cândido Xavier)
Recordando vidas passadas (Helen Wambach)
Crianças e suas vidas passadas (Carol Bowman)
A cura através da Terapia de Vidas Passadas (Brian Weiss)
Muitas vidas, uma só alma (Brian Weiss)
Cura profunda (Hans TenDam)
As várias vidas da alma (Roger Woolger)
Terapia de Vida Passada: uma abordagem profunda do Inconsciente (Lívio Túlio Pincherle e colegas)
Terapia de Regressão: teoria e técnicas (Herminia Prado Godoy)
Viajantes: histórias que o tempo conta (Maria Teodora Ribeiro Guimarães)
A Regressão a Vidas Passadas como método de cura (Thorwald Dethlefsen)
A Terapia da Reencarnação: as possibilidades oferecidas pela regressão a vidas passadas (Harald Wiesendanger)
Visão espírita das distonias mentais (Jorge Andrea)
A memória e o tempo (Hermínio C. Miranda)
Condomínio espiritual (Hermínio C. Miranda)
O problema do ser, do destino e da dor (Léon Denis)
Terapia de Vidas Passadas: uma viagem no tempo para desatar os nós do Inconsciente (Célia Resende)
Reflexões: em que mundo vivemos (Idalino Almeida)
Psicanálise da alma (João Carvalho Neto)
O disfarce da memória (Davidson Lemela)
Psicobiosofia: jornada em busca do Eu (Martha Mendes)
Entrevista com o pânico: uma viagem aos bastidores dos transtornos ansiosos (Jordan Campos)
Terapia de Vida Passada e Espiritismo: distâncias e aproximações (Milton Menezes)
Almas algemadas (Ribamar Tourinho)
Psicologia Transpessoal: um conhecimento emergente de consciência (Vera Saldanha)
E muitos outros...

AGRADECIMENTOS

Colaboraram com perguntas para a realização desta obra os seguintes leitores: Alessandra Melo, Aline A. P. Matsumoto, Álvaro A. Lovato, Audrey Hanauer, Beatriz Martinelli, Bianca Gonçalves, Camila Bastos, Clódio Trindade, Cristine Gostinski, Daiana Huhn, Devair Treviso, Djalma Franca, Elaine Lopes, Elaine Rosas, Eliane Cruz, Emerson Vidal, Fernando Herrmann, Gabriella Braz de Castilho, Ito Hendges, Jairo Molina, Jorge Fernandes, José Luiz, Lanete, Laura Bellaguarda, Leandro Antunes, Luciana Rodrigues, Mafalda Cena, Maira Cavignato, Maria Denize Marczal, Maria Fernandes, Maria Hortência Mendes de Sousa, Maria Ines La Rosa, Maria Santos, Marissol David, Marta Galvão, Milton Cezar Rosa, Ne Moraes, Neia, Nilton Lopes, Ordemir de Moraes, Bittencourt Filho, Rejane Maria Herrmann, Renata Cristina B. Farina, Rita Ribeiro, Roberto Correia Gomes, Rosana da Silva Assis, Sandra Kischeloski, Sergio Luiz, Barcellos Dorneles, Silvia Borges, Sonia Alves, Sonia Conceição, Vanessa Martins de Souza, Vera Breda, Vera Lúcia Turati, Vera Neone Bourscheit, Vivian, Viviane Marques, entre outros. Nossos agradecimentos a todos vocês e a todos aqueles que não forneceram seus nomes. Foi um prazer tê-los como companheiros neste projeto.